海南省教育科学规划重点课题"新时代大中小学思政课法治教育一体化研究"（QJZ20231005）。

民法典教学课程思政
理论与实践研究

MINFADIAN JIAOXUE KECHENG SIZHENG
LILUN YU SHIJIAN YANJIU

宋寒亮／著

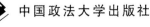

中国政法大学出版社

2024·北京

图书在版编目（CIP）数据

民法典教学课程思政理论与实践研究 / 宋寒亮著. -- 北京 ：中国政法大学出版社，2024. 12. -- ISBN 978-7-5764-1884-2

Ⅰ. D923.04；G641

中国国家版本馆CIP数据核字第2024JX2418号

出　版　者	中国政法大学出版社
地　　　址	北京市海淀区西土城路 25 号
邮寄地址	北京 100088 信箱 8034 分箱　邮编 100088
网　　　址	http://www.cuplpress.com（网络实名：中国政法大学出版社）
电　　　话	010-58908285（总编室）58908433（编辑部）58908334（邮购部）
承　　　印	固安华明印业有限公司
开　　　本	720mm×960 mm　1/16
印　　　张	12.75
字　　　数	200 千字
版　　　次	2024 年 12 月第 1 版
印　　　次	2024 年 12 月第 1 次印刷
定　　　价	59.00 元

前　言

　　培养什么人、怎样培养人、为谁培养人是教育的根本问题。习近平总书记在全国高校思想政治工作会议上指出，"要坚持把立德树人作为中心环节，把思想政治工作贯穿教育教学全过程，实现全程育人、全方位育人"，并强调"要用好课堂教学这个主渠道……使各类课程与思想政治理论课同向同行，形成协同效应"。教育部印发的《高等学校课程思政建设指导纲要》指出，立德树人成效是检验高校一切工作的根本标准。落实立德树人根本任务，必须将价值塑造、知识传授和能力培养三者融为一体、不可割裂。全面推进课程思政建设，就是要寓价值观引导于知识传授和能力培养之中，帮助学生塑造正确的世界观、人生观、价值观。

　　专业课程的思政育人主要体现在专业理论知识讲授的过程中，充分结合专业课自身特色和优势，提炼其蕴含的文化底蕴和价值范式，通过具体、生动、有效的课堂教学载体，将专业知识传授与价值引领结合起来。法学专业与思政教育从来没有分开过，任何一位法学专业教师在传授法律知识的同时，也必然会传递自己对于民主法治观念、契约精神、规则意识、诚信价值、程序观念等理念的理解。在法学教育中，我们可以选择多个视角来打造课程思政的路径，而社会主义核心价值观则是其中普及性广、关注度高、接受度强的最佳切入点。

　　《中华人民共和国民法典》（以下简称《民法典》）是习近平新时代中国特色社会主义法治建设的重大标志性成果。以社会主义核心价值观为精神指引编纂的《民法典》，在其精神上深深地打上了中国烙印，符合中国国情，其在阐述立法目的和法律解释、凝聚道德共识、指导和规范民事司法审判等方面发挥着重要的作用。习近平总书记强调，要把民法典纳入国民教育体系，加强对青年学生的民法典教育。准确理解民法典精神，深入挖掘民法典中的思政元素，探索民法典教学的课程思政路径，将民法典学习融入学生社会主义核心价值观的培育过程，是新时代高校民法学专业教师应认真研究的重大课题。在民法典教学过程中，应坚持因事而化、因时而进、因势而新的总体理念，从民法典的重大意义、立法目的、基本原则和具体制度设计等多角度深入挖掘民法典中的思政元素，以弘扬社会主义核心价值观为主线、以坚定"四个自信"为重要基础，构建民法典各编固定的思政元素，形成完整的民法典思政元素体系。

本书内容包括上篇（教研理论篇）和下篇（教改实践篇）两大部分。教研理论篇包括两章。第一章"课程思政概述"，主要介绍课程思政概念的形成，课程思政概念的界定，课程思政的理论基础，高校课程思政的特征、原则和意义。第二章"民法典教学课程思政的理论基础"，主要论述思政元素与法学专业课程思政，民法典中的思政元素，民法典教学课程思政的特征和重要意义，民法典教学课程思政的路径探索。教改实践篇包括七章，即在民法典的七编中，每一编选取四个知识点为例进行课程思政教学设计。具体为：（1）民法典总则编：诚实信用原则、公序良俗原则、紧急救助人责任豁免、侵害英烈等人格利益的民事责任；（2）民法典物权编：物权法定原则、"住改商"的限制规则、相邻关系、居住权；（3）民法典合同编：缔约过失责任、旅客按票乘坐规定、无因管理、不当得利；（4）民法典人格权编：禁止性骚扰、肖像权、名誉权、个人信息保护；（5）民法典婚姻家庭编：离婚冷静期制度、离婚后的父母子女关系、隔代探望权、离婚经济补偿；（6）民法典继承编：继承权男女平等原则、代位继承、遗产酌给制度、继承权的丧失与宽宥；（7）民法典侵权责任编：自甘风险规则、好意同乘的责任承担、污染环境和破坏生态的惩罚性赔偿、高空抛物的责任承担。其中每一个知识点在具体教学设计中又包括法条规定、规范解读、案例素材、课程思政四个部分。

　　课程思政是高校教学理念和方法的探索、创新与改革。本书以民法典教学的课程思政为例，努力寻找法学专业课程思政的创新路径，期冀为我国法学教育创新育人模式的进一步探索提供些许有益的参考，但囿于作者水平所限，本书还存在诸多不足，敬请各位专家、读者批评指正。

　　本书的顺利出版，得益于海南师范大学、海南大兴天泰律师事务所的资助和中国政法大学出版社的大力支持，在此表示真诚的感谢。

目　录

▶ 下　篇　教改实践篇 ◀

上　篇
教研理论篇

第一章

课程思政概述

第一节　课程思政概念的形成

2016 年 12 月 7 日至 8 日，习近平总书记在全国高校思想政治工作会议上指出，要坚持把立德树人作为中心环节，把思想政治工作贯穿教育教学全过程，实现全程育人、全方位育人，努力开创我国高等教育事业发展新局面。[1]此后，"课程思政"这一落实和回应全国高校思想政治工作会议精神的标志性词汇，迅速在全国高校中普及开来。事实上，将思想政治教育与课程教育相结合的做法，经历了漫长的发展历程。

一、从"政治与思想教育"到"思想政治工作"

从新中国成立初期到社会主义改造完成这段时间内，思想政治教育工作一般被称为"政治与思想教育"。1949 年 12 月 30 日召开的第一次全国教育工作会议上，时任教育部副部长的钱俊瑞在总结报告中指出："新区学校安顿后的主要工作，是进行政治与思想教育。""其主要目的乃是逐步地建立革命的人生观。"[2]1952 年 3 月 18 日，中央人民政府教育部颁发的《中学暂行规程（草案）》和《小学暂行规程（草案）》中指出，政治与思想

---

　　〔1〕　参见《习近平在全国高校思想政治工作会议上强调：把思想政治工作贯穿教育教学全过程 开创我国高等教育事业发展新局面》，载 http://www.xinhuanet.com/politics/2016 - 12/08/c_1120082577. htm，最后访问日期：2024 年 9 月 4 日。
　　〔2〕　教育部社会科学司组编：《普通高校思想政治理论课文献选编（1949-2006）》，中国人民大学出版社 2006 年版，第 4 页。

教育不仅要深入中小学生，更需要面向高校学生。从当时的课程体系看，政治与思想教育的课程主要围绕马克思主义基础理论和中国革命史展开，旨在不断提高学生的社会主义觉悟，把学生培养成懂得马克思列宁主义理论基础，掌握现代最新的科学技术知识，身体健康，并全心全意为社会主义建设服务的各种高级专门人才。[1]

1957 年 2 月，毛泽东在《关于正确处理人民内部矛盾的问题》的讲话中明确指出"现在需要加强思想政治工作"。[2]此后，有关思想政治教育的工作逐渐过渡为"思想政治工作"，增加了对毛泽东思想学习和教育的要求。1961 年 4 月，教育部提出《改进高等学校共同政治理论课程教学的意见》，明确高等学校共同政治理论课的教学任务是向学生进行理论和实践统一的马克思列宁主义教育，帮助他们理解马克思列宁主义、毛泽东著作，了解党的路线、方针、政策；引导他们以马克思列宁主义基本原则为指导，去观察问题、研究学问和处理工作，不断地同现代修正主义、资产阶级思想和其他反动思想的影响进行斗争。1964 年 10 月，中共中央宣传部、原高等教育部党组、教育部临时党组发布了《关于改进高等学校、中等学校政治理论课的意见》，明确当时高等学校、中等学校政治理论课的根本任务是用马克思列宁主义、毛泽东思想武装青年，向他们进行无产阶级的阶级教育，培养坚强的革命接班人；是配合学校中各项思想政治工作，反对修正主义，同资产阶级争夺青年一代。政治理论课教师应当积极配合学校党、团组织对学生进行的思想政治工作。[3]

二、从"思想政治工作"到"学科德育"

改革开放后，教育部更加重视青少年的思想政治工作；同时，随着高考制度的恢复，高校中开展思想政治教育工作的传统也逐渐恢复。1980 年 4

---

〔1〕 参见教育部社会科学司组编：《普通高校思想政治理论课文献选编（1949－2006）》，中国人民大学出版社 2006 年版，第 20 页。

〔2〕《毛泽东文集》（第七卷），人民出版社 1999 年版，第 226 页。

〔3〕 参见教育部社会科学司组编：《普通高校思想政治理论课文献选编（1949－2006）》，中国人民大学出版社 2006 年版，第 50 页。

月 29 日，教育部、共青团中央印发的《关于加强高等学校学生思想政治工作的意见》中指出，学校的思想政治工作必须结合为"四化"培养人才这个中心来进行，决不能把思想政治工作和教学、科学研究工作对立起来或割裂开来。[1]1994 年 8 月 31 日，中共中央发布的《关于进一步加强和改进学校德育工作的若干意见》正式以官方文件的形式强调学校德育工作的重要性，认为学校应当整体规划德育体系，发挥全体教师在引导学生德智体美劳全面发展中的育人作用，促进各类学科与课程同德育有机结合。1995 年 11 月，原国家教委颁布《中国普通高等学校德育大纲（试行）》，进一步明确和强调了德育的目标，并对德育内容、德育原则、德育途径、德育考评、德育实施等问题做了明确的规定。之后，"德育要寓于各学科教学之中，贯穿于教育教学的各个环节"的理念得以形成和逐步落实。2004 年 8 月 26 日，中共中央、国务院印发的《关于进一步加强和改进大学生思想政治教育的意见》中指出，高等学校各门课程都有育人功能，所有教师都负有育人职责。要把思想政治教育融入大学生专业学习的各个环节，渗透到教学、科研和社会服务各个方面。要深入发掘各类课程的思想政治教育资源，在传授专业知识过程中，加强思想政治教育，使学生在学习科学文化知识过程中，自觉加强思想道德修养，提高政治觉悟。[2]

三、从"学科德育"到"课程思政"

学科德育要求各个学科的教师都应当成为德育工作的重要参与者，在课程教学的同时将本课程所蕴含的德育内容，通过各种方式贯穿到课堂教学的各个环节，实现学科德育的全学科化、全过程化。学科德育的理念提出后，即得到多部门的响应，并被积极落实到具体的教育教学实践中。但从效果上看，"全课程、全员育人理念"并没有完全树立起来，思政教育和专业教育"两张皮"的现象未能根本改变；教育理念上不能正确认识知识

---

〔1〕　参见教育部社会科学司组编：《普通高校思想政治理论课文献选编（1949-2006）》，中国人民大学出版社 2006 年版，第 79 页。

〔2〕　参见任海涛、张惠虹主编：《法学学科课程思政教学范例》，华东师范大学出版社 2021 年版，第 4-5 页。

传授与价值引领之间的关系，队伍建设上教师育德能力和育德意识有待提升，人才培养上各学科思政教育资源没有得到充分挖掘，管理机制上多部门合力推进思想政治教育的体制机制有待进一步完善。[1]鉴于此，自2014年起，上海市在教育部指导下率先开展"课程思政"试点工作，将思政理论贯穿到教学、研究的全过程，深入发掘各类课程的思想政治理论教育资源，调动授课教师参与思政教学的积极性、主动性，探索推进思政课程向课程思政转变的有效做法。

习近平总书记在全国高校思想政治工作会议上指出，做好高校思想政治工作，要因事而化、因时而进、因势而新。要遵循思想政治工作规律，遵循教书育人规律，遵循学生成长规律，不断提高工作能力和水平。要用好课堂教学这个主渠道，思想政治理论课要坚持在改进中加强，提升思想政治教育亲和力和针对性，满足学生成长发展需求和期待，其他各门课都要守好一段渠、种好责任田，使各类课程与思想政治理论课同向同行，形成协同效应。[2]此后，为深入贯彻落实习近平总书记这一重要讲话精神，不少高校都积极探索"课程思政"与"思政课程"协同发展、同向同行的有效形式。2019年8月14日，中共中央办公厅、国务院办公厅印发《关于深化新时代学校思想政治理论课改革创新的若干意见》，明确要求"解决好各类课程与思政课相互配合的问题，发挥所有课程育人功能，构建全面覆盖、类型丰富、层次递进、相互支撑的课程体系，使各类课程与思政课同向同行，形成协同效应"。[3]2020年5月28日，教育部印发《高等学校课程思政建设指导纲要》，指出"全面推进课程思政建设，就是要寓价值观引导于知识传授和能力培养之中，帮助学生塑造正确的世界观、人生观、价

---

〔1〕 参见高德毅、宗爱东：《从思政课程到课程思政：从战略高度构建高校思想政治教育课程体系》，载《中国高等教育》2017年第1期。

〔2〕 参见《习近平在全国高校思想政治工作会议上强调：把思想政治工作贯穿教育教学全过程 开创我国高等教育事业发展新局面》，载 http://www.xinhuanet.com/politics/2016-12/08/c_1120082577.htm，最后访问日期：2024年9月4日。

〔3〕《中共中央办公厅 国务院办公厅印发〈关于深化新时代学校思想政治理论课改革创新的若干意见〉》，载 https://www.gov.cn/gongbao/content/2019/content_5425326.htm，最后访问日期：2024年9月4日。

值观","要紧紧抓住教师队伍'主力军'、课程建设'主战场'、课堂教学'主渠道',让所有高校、所有教师、所有课程都承担好育人责任,守好一段渠、种好责任田,使各类课程与思政课程同向同行,将显性教育和隐性教育相统一,形成协同效应,构建全员全程全方位育人大格局。"[1]至此,课程思政的概念正式形成。

第二节　课程思政概念的界定

一、课程思政的内涵

关于课程思政的内涵,目前国内学术界尚未形成通说,学者们从不同的角度进行界定。具有代表性的学说主要有"理念说""方法说"和"活动说"。

"理念说"认为课程思政是一种新的思想政治教育理念,需从理念上对传统的思政教育工作进行转变。高德毅、宗爱东认为,课程思政的本质是将思想政治教育融入所有课程,在日常教学的各方面、各环节均体现思政元素,以实现润物无声、立德树人的教育效果。[2]与只在思政课堂上进行思想政治教育的传统理念不同,课程思政旨在通过将思想政治教育融入每一门课程,特别是与学生成长密切相关的专业课程,使学生在平时学习的过程中耳濡目染,实现思想政治教育入耳、入脑、入心的常态长效。邱伟光从知识与价值的关系角度论证了课程思政的理念为"在价值传播中凝聚知识底蕴,在知识传播中强调价值引领"。[3]学生综合素质的提升,不仅需要知识的传授,还需要价值的引领,教师有义务通过课堂培养学生形成正确的价值观。而在现实中,教师只教书、不育人的现象较为常见,知识传

---

〔1〕《教育部关于印发〈高等学校课程思政建设指导纲要〉的通知》,载 https://www.gov.cn/zhengce/zhengceku/2020-06/06/content_5517606.htm,最后访问日期:2020 年 5 月 28 日。

〔2〕参见高德毅、宗爱东:《课程思政:有效发挥课堂育人主渠道作用的必然选择》,载《思想理论教育导刊》2017 年第 1 期。

〔3〕邱伟光:《课程思政的价值意蕴与生成路径》,载《思想理论教育》2017 年第 7 期。

播与价值引领存在一定程度的割裂，而课程思政的理念正是在于所有课程的教师都应把价值引领教育融入课堂作为己任，将专业知识讲授与思想政治教育相结合，在向学生传授知识的同时积极引导学生形成正确的价值观。王学俭、石岩从课程思政的本质、理念、结构、方法和思维等几个维度，以更加综合、全面的视角来界定课程思政的内涵，其认为课程思政在本质上是一种以实现立德树人为目的的教育，其理念为协同育人，倡导显性教育和隐性教育相结合的方法，以科学创新的思维方式实现知识传授、价值塑造和能力培养的多元统一的教育理念。[1]

"方法说"认为课程思政是一种全新的思想政治教育教学方法。一方面，这种教学方法是课程与思政教育的结合。陆道坤认为，科学的课程思政能够将思想政治教育的要求和课程自身的思政元素相融合，不能将课程思政理解为生搬硬套地把思政元素简单地罗列在专业课程中。[2]教师需要深度挖掘专业知识中的思政元素，找准专业知识与思政的契合点，做到无缝衔接。另一方面，把课程思政作为一种科学的教学方法体现了思想政治教育方法的创新。[3]闵辉认为课程思政是一种课程设置理念的更新，是一种整体性的课程观。[4]在这种课程观下，思想政治教育表现为一种隐性的教育方式，能够潜移默化、润物无声地将思政教育植根于学生的内心深处，达到更优的教育效果。

"活动说"认为课程思政是一种思想政治教育实践活动，这一活动需要每一位教师和学生都参与其中，需要每一门课程都发挥其作用。何玉海认为，课程思政是在全员参与下的全方位、全过程的思想政治教育的活动。传统观念认为思想政治教育活动是思政课教师、辅导员、班主任的工作职责，而忽视了诸如专业课教师等其他主体在思想政治教育活动中的作用。

---

〔1〕 参见王学俭、石岩：《新时代课程思政的内涵、特点、难点及应对策略》，载《新疆师范大学学报（哲学社会科学版）》2020年第2期。

〔2〕 参见陆道坤：《课程思政推行中若干核心问题及解决思路——基于专业课程思政的探讨》，载《思想理论教育》2018年第3期。

〔3〕 参见谢瑜等：《思政课程与课程思政融合的教学研究》，西南交通大学出版社2021年版，第6页。

〔4〕 参见闵辉：《课程思政与高校哲学社会科学育人功能》，载《思想理论教育》2017年第7期。

然而，"三全育人"的理念要求全员育人、全程育人、全方位育人，思想政治教育活动不能仅仅由思政课教师孤军奋战，而是需要所有教育主体都参与其中。课程思政概念的提出，正是为了打破思政教育的"孤岛"，搭建协同育人的平台，构建思想政治教育活动中的"三全育人"机制。[1]赵继伟从课程与思政的关系角度进行阐释，认为课程思政是依托和借助专业课、通识课而进行的思想政治教育实践活动，课程是开展思想政治教育活动的载体，而思想政治教育的元素也要融入课程之中。[2]

无论是"理念说"，还是"方法说"，抑或是"活动说"，都体现了学者们对课程思政的本质的思考，而一个事物的本质在不同发展时期、不同环境、不同语境下的表现往往也有所不同，人们对其的认识与把握自然也有所差异。然而，综观学者们对课程思政内涵的界定，大致有以下两类思考：一是认为专业课程和思想政治教育需要深度融合，并就怎样融合进行了探讨；二是认为在专业课程中需要注重思想引导和价值引领，进而提升学生的思想政治素养。因此，我们可以把课程思政通俗地理解为，在除思想政治课以外的所有课程中将知识传授和价值引领有机统一起来，以潜移默化的方式培养学生的政治素质，提升学生的思想道德修养，引导学生树立正确的世界观、人生观和价值观。如果要为课程思政下一个完整、科学的定义，本书比较赞同学者田鸿芬、付洪对课程思政概念的界定，课程思政是指"思想政治教育施教主体在各类课程教学过程中有意识、有计划、有目的地设计教学环节，营造教育氛围，以间接、内隐的方式将施教主体所认可、倡导的道德规范、思想认识和政治观念有机融入教学过程，并最终传递给思想政治教育的受教主体，使后者成为符合国家发展要求的合格人才的教育教学理念"。[3]这一内涵指明了课程思政的主体、方式、内容和

---

〔1〕　参见何玉海：《关于"课程思政"的本质内涵与实现路径的探索》，载《思想理论教育导刊》2019年第10期。

〔2〕　参见赵继伟：《"课程思政"：涵义、理念、问题与对策》，载《湖北经济学院学报》2019年第2期。

〔3〕　田鸿芬、付洪：《课程思政：高校专业课教学融入思想政治教育的实践路径》，载《未来与发展》2018年第4期。

目标，可以理解为施教主体通过什么样的方式将思政内容传递给受教主体，从而达到立德树人的目标。

二、课程思政与相关概念的关系

（一）课程思政与思政课程

课程思政与思政课程既有区别又有联系。如上文所述，课程思政是将思想政治教育融入课程教学与改革的各环节、各方面，通过深入挖掘各类课程的思政内涵和思政元素，促进显性教育和隐性教育相融合，寻求各科教学中专业知识与思想政治教育之间的关联性，通过学科渗透的方式达到思想政治教育的目的。而思政课程则是指学校专门开设的为实现思想政治教育目标的一系列课程，在课程内容上主要以马克思主义为指导，具有鲜明的政治属性。[1]二者的区别主要表现在授课内容、育人方式、作用效果等方面。

从授课内容上看，课程思政的"思政"主要侧重于思想价值引领方面，强调在各类各门课程（包括思想政治理论课、专业课和通识课）中增强政治意识和加强思想价值引领；而思政课程的"思政"侧重于思想政治理论方面，主要进行系统的思想政治理论教育。课程思政意在挖掘和提炼专业课程中蕴含的潜在思想政治教育资源，将其转化为在课程学习中实现"立德树人"教育目标的因素，促使学生在专业课学习中形成正确的价值观和人生观，树立坚定的马克思主义信仰，使专业课程本身承载一定的思想政治教育功能。思政课程则是系统化的课程体系，有明确的学科定位和内容边界，其主要支撑学科是马克思主义理论学科，是思想政治教育的显性课程。

从育人方式上来看，思政课程是显性教育，课程思政则是隐性教育。思政课程的内容边界和学科定位较为明显，更多的是强调一种显性的社会主义意识形态灌输，由具有专业知识背景的教师将主流价值观通过讲授的方法直接传授给学生。课程思政则是以隐性的方式，通过其所蕴含的思想

---

〔1〕 参见黄卫华：《从理念到实践：新时代高校课程思政路径探究》，北京工业大学出版社2021年版，第33页。

道德追求、科学精神、爱国情怀、优秀传统文化、人格培养等内容，对学生发挥思想价值引领作用，并在贴近学生专业、提供鲜活案例、促进思想政治教育渗透性等方面发挥其独特优势，将知识传授与价值引领结合起来，真正实现在价值传播中凝聚知识底蕴，在知识传播中强调价值引领，在潜移默化中实现立德树人。

从作用效果上看，思政课程在对学生进行系统的马克思主义理论教育和思想政治理论教育方面具有较强的优势，对学生受益面大，所以是学校思想政治教育的主渠道。思政课程的效果在于高举政治旗帜，根植理想信念，采取的是正面、显性教育，具有鲜明的意识形态性；但思政课程的学科性质使得其往往讲大道理，难以吸引学生的兴趣，从而在某种程度上影响了思政课程育人功能的发挥。而课程思政理念的提出正是对这种弊端的有效补充，是对传统思想政治教育理念的突破，在教学载体上有所拓展，在教学方法上有所创新，从而实现思想政治教育与知识体系教育的有机统一。

当然，在新时代教育发展的背景下，思政课程与课程思政又紧密联系，两者在任务和目标上有共同性。课程思政与思政课程同属一个"思政共同体"，共同担负立德树人的根本任务，发挥对学生的思想价值引领作用，两者的共同目标都是培养中国特色社会主义的合格建设者和可靠接班人。[1]习近平总书记指出："要用好课堂教学这个主渠道，思想政治理论课要坚持在改进中加强……其他各门课都要守好一段渠、种好责任田，使各类课程与思想政治理论课同向同行，形成协同效应。"[2]毫无疑问，思政课程是同向同行的主导方面，它也是马克思主义在思想政治教育中发挥领航作用的课程载体；而其他课程则是同向同行的协同方面，发挥其所具有的思想政治教育作用，与思政课程共同构成思想政治教育的课程共同体。思政课程需要发挥主渠道、主课堂的显性功能，坚守社会主义意识形态主阵地，课

---

〔1〕　参见孙利主编：《课程思政理论与教学研究——聚焦北京理工大学课程思政建设》，北京理工大学出版社 2022 年版，第 4-5 页。

〔2〕　《习近平谈治国理政》（第二卷），外文出版社 2017 年版，第 378 页。

程思政则可以进一步拓宽思政课程的内涵，实现同向同行、协同发展的目标。

（二）课程思政与学科德育

有学者认为，"学科德育"这一概念更适用于基础教育，而"课程思政"这一概念更适用于高等教育，两者有相通的基础，也有衔接贯通的可能和必要。[1]本书赞成这一观点。现实中，"学科德育"一词确实多出现于中小学思想道德教育的语境中，部分省份也制定了相关纲要，[2]提出了学科德育的理念和做法；"课程思政"则主要用于高等学校教育，教育部和部分省份印发的规范性文件，[3]这些规范性文件强调要推进高校的课程思政建设与改革。因此，课程思政与学科德育的区别可从两者的概念和适用学段两个角度来发掘。

从概念上看，"学科德育"的概念起源于 2000 年中共中央办公厅、国务院办公厅印发的《关于适应新形势进一步加强和改进中小学德育工作的意见》。该意见指出："德育要寓于各学科教学之中，贯穿于教育教学的各个环节。"学科德育是对中小学狭义的思政课程的超越，其强调在不同学科中渗透德育内容。"课程思政"这一概念则是自 2014 年起上海高校在教育部指导下进行教学改革探索中逐渐形成的。课程思政是对高校承担的作为思想政治教育直接渠道的思政课程的超越，强调在课程中渗透思想政治教育，包括学校所有课程中所含的思想政治教育资源与要素。

从适用学段上看，基础教育的任务主要是培养中小学生的基本素质，为他们学习做人和进一步接受专业教育打好基础。中小学生基本素质的养成是基础性的、全面性的，同时由于每一个少年儿童都需要这种发展，所以普通中小学教育具有基础性、全面性和全体性的特点。因此，基础教育

---

〔1〕 参见葛卫华：《厘定与贯连：论学科德育与课程思政的关系》，载《中国高等教育》2017年第 Z3 期。

〔2〕 例如，《北京市中小学学科德育指导纲要》《浙江省中小学学科德育指导纲要》《山东省中小学德育课程一体化实施指导纲要》等。

〔3〕 例如，教育部印发的《高等学校课程思政建设指导纲要》、山东省教育厅印发的《关于深入推进高等学校课程思政建设的实施意见》、中共云南省委教育工委和云南省教育厅印发的《关于推进高校课程思政建设的指导意见》等。

中用"德育"这个相对泛化的概念更适合。相比而言，高等教育阶段的学生身心发展和认知水平都有了一定的积累，道德行为规范也已经基本形成，对中国的政治制度和发展道路有所体会，在此基础上，开展更加鲜明的思想政治教育更能适应高校学生的发展。因此，"思政"这一概念更适合于高等教育，而作为本书研究对象的"课程思政"的适用主体也主要是高校课堂。

课程思政与学科德育虽有区别，但也有诸多共同点，这些共同点也就成为联系课程思政与学科德育的重要基础。第一，课程思政与学科德育有共同的理论基础。两者共同的理论基础是马克思主义基本原理、毛泽东思想和中国特色社会主义理论体系。其中，社会存在和社会意识相互关系的学说、人的本质的学说、各种社会意识形态在社会中的作用及相互关系的学说等，为学科德育与课程思政的形成、发展奠定了理论基础。第二，课程思政与学科德育有共同的育人目标。两者都是将提升德育实效性作为整体目标、将"立德树人"作为根本任务、将社会主义核心价值观作为核心内容，都是在帮助学生了解知识体系的基础上，引导学生形成正确的人生观和价值观。无论是学科德育，还是课程思政，都应以社会主义核心价值观为核心教育指向，以政治认同、国家意识、文化自信和公民人格为重点的顶层内容体系架构，并根据不同学段的学生特点，开展德育课程一体化设计。第三，课程思政与学科德育有共同的育人途径。两者都致力于充分挖掘各学科的德育和思想政治教育内涵，实现能力培养与道德养成的有机融合。在进行学科教学的同时，将在各学科教学内容中所蕴含的政治思想和道德因素通过有效的手段和方法，自然地融入课堂教学的各个环节之中，从而实现育人功能。[1]

总之，由于基础教育和高等教育之间形成了人才培养的供应链关系，基础教育的人才培养目标来自高等教育和社会需求，而高等教育的人才培养目标来自社会需求。因此，学科德育与课程思政应当衔接起来，在不同

<hr />

[1]　参见黄卫华：《从理念到实践：新时代高校课程思政路径探究》，北京工业大学出版社2021年版，第35-36页。

学段发挥各自的育人功能，共同发挥培养中国特色社会主义的合格建设者和接班人的积极作用。

第三节　课程思政的理论基础

一、马克思主义教育理论

课程思政是以马克思主义基本观点为指导，向学生传授有关马克思主义理论及其中国化的成果的综合教育理念，本质目标是培养学生成为全面发展的现代职业人。由此可见，课程思政的教育目标与马克思关于人的全面发展的理论在本质上是一致的，后者构成了课程思政的内在理论基础和根本价值目标。课程思政是新时期教育思想的创新，解决了高校思政课和专业课显著分离的不良状况，有利于实现"三全育人"的新格局，为国家培养更优秀的人才。

马克思认为"教育一般来说取决于生活条件"，而不是教育决定社会。教育的开展必须基于社会实际情况而进行。在新时代的背景下，信息高速化加快了社会思潮的传播速度，对于新时代青年行为和思想的影响愈加深刻。课程育人是社会发展的必然要求，课程思政能发挥每一位教师的育人作用，从而与思政课教师共同承担培养全面发展的时代新人的重任。教育培养人的创新意识和主体意识，使个性得到充分发展，是课程育人的重要理论依据。我们党历来都非常重视教育，马克思主义的教育思想为课程思政的提出提供了理论依据。课程思政的建设要求动员全校教师投入思想政治教育工作中，保证学生的专业知识和价值认识都得到充分发展，实现个性解放和全面发展。课程思政的开展必须有效运用社会生活内容，开展形式多样的实践教育活动，引导受教育者更加全面、深入地了解社会生活，在社会生活实践中深度发掘自身价值，进而将个人价值实现与中华民族伟大复兴的中国梦有机结合。

二、教育接受理论

思想政治教育活动是一种内化的过程，但受教育者也有一定的外化反应。受教育者不是在被动吸收，往往具有能动性，尤其是在教学进行到一定程度时，学生对于教育内容的选择性和能动性更强，而受教育者能否将教育内容外化于实践，也是由其自身的能动性程度决定的。利用教育者和受教育者这一双向互动规律育人，能够使教育者有效把握受教育者的主体地位，改变单一传授知识、忽略学生主体地位的教学方式。在教学过程中，教师要主动了解所教学生的需求和期待，提高自身能力和修养。同时，教育者要善于发现和引导受教育者的创新期待，促进其目标的实现，从而调动受教育者的积极性和能动性，取得思想政治教育的实效性。此外，教育者要根据受教育者的需求传授知识，但是不能一味地去满足他们，而要以改善和提高受教育者的主体性为目的，让他们自主地去接受、内化及外化。[1]

教育者的施教过程制约着受教育者接受的方向和水平，教师在社会价值目标的指引下，引导学生朝着这一价值目标发展，这就意味着各类教师在课堂教学中，不仅能够引导学生学习各门课程的专业知识，同时也能够引导学生的思想道德发展方向。当然，受教育者的接受过程也制约着教育者的施教过程，例如，施教内容的难易程度、有趣性、实用性等问题都与受教者的接受情况相关。因此，教师在授课时要从受教者的实际情况出发，关注受教者之间的差异，适应受教育者的心理特点；在实施课程思政过程中渗透思政元素，采取适当的教学方法，达成教学目标和育人目标。

三、有效教学理论

有效教学理论属于现代教学理论的一种具体表现形式。有效教学是指高校教师在教育教学实践过程中能够遵循相关规律，激发课堂教育教学中

---

〔1〕　参见熊晓轶、王蒙蒙：《新时期课程思政建设与经典案例分析》，吉林大学出版社 2022 年版，第 42 页。

学生参与学习的积极性，达到一定教育教学预期效果的教学过程。推动高校有效教学是现代教育发展的基本要求，它可以帮助学生激发内在潜力。课程思政建设要求实现全员、全程、全方位育人，这与有效教学理论完全契合，两者都注重推动教学自身的全面性、有效性的设计与发展。课程思政建设的本体性价值在于彰显教育教学的初衷，即推进学生全面发展。从达到有效教学的过程来看，有效教学不仅需要教师精心组织设计，更需要教学体系、教学目标、教学原则等方面不断完善，属于一个各单元协同合作、各阶段逐步优化的过程。而课程思政建设正是要求各学科协同育人，各阶段不断融合，这一点促成并保证了教学有效性的实现，符合有效教学的基本要求。从课程内容来看，无论是思政课程、专业课、综合素养课，还是第二课堂，都要求实现理论与实践的统一、科学知识与正确价值观的统一，这与有效教学的实现是高度一致的。[1]因此，推动高校课程思政有效性建设是有效教学理论在课程思政建设方面的具体体现。

四、隐性教育理论

隐性教育侧重于使受教育者在自然轻松的状态下受到感染和启发，从而更自然地接受教育的内容。苏联教育学家苏霍姆林斯基（Василий Александрович Сухомлинский）曾指出，教育者的目标越隐蔽，教育的对象越容易接受，就越能转化成自己的内心要求。[2]课程思政的实现方式是从专业课中寻找与行业相关的思政元素，使学生在学习专业知识时获得职业道德教育，这样更能得到学生的接受和认可，起到"润物无声"的效果。美国哲学家约翰·杜威（John Dewey）提出，不应将道德教育视作单一课程开展传授活动，应将德育融入不同的知识体系之中，潜移默化地实现育人

---

〔1〕 参见黄卫华：《从理念到实践：新时代高校课程思政路径探究》，北京工业大学出版社2021年版，第11页。

〔2〕 参见［苏联］苏霍姆林斯基：《育人三部曲》，毕淑芝等译，人民教育出版社2015年版，第129页。

目标。[1]

隐性思政教育与显性思政教育的区别，不在于教育目标、使命、内容等方面，而在于教育方式。通常来讲，显性思政教育的教育者"直接"地对教育对象施加影响，传递思政教育信息；而隐性思政教育的教育者则把思政教育信息寓于专业知识讲授或其他社会实践活动中，"间接"地对教育对象施加影响。[2]隐性教育中的受教育者也未被明确要求接受一定的思政教育，而是在心灵处于一种开放的、无意识状态中时，自然而然地接受了思政教育，其受教过程是愉悦的，受教效用也是可持续的。课程思政正是通过这样一种寓教于无形的理念，将教育者和受教育者潜移默化地结合起来，以一种不易被察觉的较为隐蔽的手段进行价值传导，达到在教书中育人的目的。

第四节 高校课程思政的特征、原则和意义

一、高校课程思政的基本特征

（一）潜隐性

课程思政强调的是一种隐性思想政治教育，有学者将隐性思想政治教育定义为，寓于专门的思想政治教育之外的社会实践活动中展开的、不为受教育者焦点关注（甚至不为受教育者明确感知）的一种思想政治教育类型。[3]与隐性教育相对应的是显性教育，高校课程中通常采用显性教育方式传授知识。思政课作为典型的显性课程，表现在育人资源和授课形式上，即以往的思政课教学以教师显性的、灌输性的教学为主。由于我国教育体制的原因，学生往往从小学就开始学习思想政治教育方面的课程，一直到

---

〔1〕 参见［美］约翰·杜威：《民主与教育》，俞吾金、孔慧译，华东师范大学出版社2019年版，第43页。

〔2〕 参见白显良：《隐性思想政治教育基本理论研究》，人民出版社2013年版，第133页。

〔3〕 参见白显良：《隐性思想政治教育基本理论研究》，人民出版社2013年版，第53页。

大学，不间断地学习相关内容。受学校的显性教育方式和教学内容的重复性、不合理性的影响，相当比例的大学生在思政课课堂上的学习积极性不高。然而，大学生作为建设中国特色社会主义的主力军，思想政治教育又是必需的，发挥除思政课以外的其他课程的隐性育人作用就显得尤为重要和迫切。

课程思政的潜隐性特征在课程内容和教学方式上均有所体现。一方面，高校大学生所学的专业课、综合素养课、实践课等课程中所蕴含的思政元素、思政资源隐藏于相关的教材和教学内容中。事实上，思政课以外的其他学科，尤其是社会科学类学科的课程中隐含、渗透着相当多的思政元素。专业课、综合素养课主要教授专业技能和通识修养，所传递的本学科教学内容是显性的，但其所蕴含的思想政治教育资源却是无形的、潜在的、隐性的。课程思政中的思政元素隐藏在专业知识和通识知识中，需要教师主动梳理出来并在讲授学科知识的过程中潜移默化地传授给学生。另一方面，各学科任课教师的教学方式是潜移默化、润物无声的。为了更好地落实习近平总书记重要讲话精神，让课程思政的育人作用与思政课的育人作用协同发挥影响，就要求各学科任课教师主动挖掘自己所教授课程中的思政元素、思政资源，对大学生进行道德教育、政治教育、心理教育等思政教育。在高校中各学科任课教师在教授专业课、实践课、综合素养课等课程知识时采用的是显性的教学方式，但是在教授课程中所蕴含的思政元素时应采用隐性的教学方式。这种隐性的教学方式对学生来说是一种无意识的接受过程，但对授课教师来说却是精心策划的有意为之。[1]教师把所授课程中有关政治、道德、思想等思政内容融入其所讲的内容中，润物细无声，寓教于无形。这样一来，大学生在学习专业知识和通识知识的同时，更容易接受教师对其进行的隐性思想政治教育，更容易引起大学生的情感共鸣，从而有利于他们将所学的思政教育内容转化为自身内心的理想信念。

---

〔1〕 参见黄卫华：《从理念到实践：新时代高校课程思政路径探究》，北京工业大学出版社2021年版，第16-17页。

（二）整体性

在传统的高校教学中，往往只有思政课任课教师承担着对大学生进行思政教育的任务，缺乏教育各方面力量的整合，容易形成思政课单兵作战的局面，而课程思政教学理念的推行有利于改变这一困境。著名心理学家布朗芬布伦纳（Urie Bronfenbrenner）提出了生态系统理论，即生活在世间的个体是存在于互相联系和互相作用的环境系统中的，系统与个体息息相关，并在很大程度上对个体的发展产生着影响。[1]课程思政的建设需要调动学校、家庭、社会等各方面的力量，使高校各学科、各部门、校外力量协同发力，共同协助思政课发挥育人功效。课程思政体现的是一种整体的课程观念，强调从全方面、全过程加强大学生的思想政治教育。

课程思政的整体性特征在课程思政的主体和客体方面都有所体现。主体方面，要求各学科任课教师协力合作，作为一个整体发挥育人作用。在践行课程思政教学理念的过程中，高校要求各学科任课教师积极、主动地协助思政课教师对大学生开展思想政治教育实践活动，在自己所教授的课程教学过程中进行隐性的、渗透性的教育。各学科任课教师虽然授课的内容各不相同，但是他们作为一个整体共同发挥立德树人的作用。各学科任课教师通过不同的方式在自己教学过程中潜移默化地育人，以达到一种协力合作的效果，这种协作的过程以及协作的效果具有整体性。客体方面，高校的综合素养课、各学科专业课作为一个整体共同挖掘育人资源，发挥育人功效，辅助思政课形成育人合力，共同完成"立德树人"这一根本任务。高校开设的综合素养课、实践课、专业课等课程之间的思政资源、思政元素共同发挥作用，形成育人整体。这些学科不像思政课那样具有较强的政治意味和浓郁的意识形态性，但同样可以帮助大学生获得正确的"三观"，帮助他们形成认识问题、解决问题的思路和方法，最终达到进一步巩固思政课思想政治教育的目的。

---

〔1〕 See Urie Bronfenbrenner, *The Ecology of Human Development*: *Experiments by Nature and Design*, Harvard University Press, 1979, p.144.

（三）融合性

融合性强调的是各知识、各要素、各主体之间的融合。思政元素、思政教育资源寓于各类课程中，并与各类课程的知识、内容紧紧结合在一起。课程思政教学理念适用的专业课、实践课、综合素养课等课程将知识传授与价值引领相结合，具有融合性。各学科课程中的知识传授与价值引领相互联系、不可分割，具有一致性。各学科任课教师在讲授相关学科知识时应注重对课程中所蕴含价值的引领，如文史类学科的专业知识更贴近思政课的授课内容，能更便捷地挖掘人文精神、人文素养、审美情操等思政元素，可以更好地用马克思主义的观点看待问题、用马克思主义的方法解决现实问题，让大学生形成正确的人生观、世界观和价值观。而理工类学科的专业知识虽然和思政课的知识有较大差异，但是其中所蕴含的相关科学精神、探索精神、创新精神、严谨求实精神等与思政课的思想政治教育内容相得益彰。思政元素的挖掘要赋予学科知识价值引领，让学科知识更显立体化。同时，思想政治教育又依托学科知识，使思政教育更有力度。在价值引领和知识传授的相互促进中，课程思政会达到良好的育人效果。

课程思政的融合性特征，具体体现在各课程教学目标、教学过程和教学方法上的融合。首先，各门课程教学目标在综合考虑大学生需求、社会现实需求、学科内外逻辑需求的基础上的有机融合，最终要求高校各类课程的教学目标实现道德认知、道德情感、道德意志、道德信念、道德行为的有机统一。其次，在各学科课程教学过程中强调知识教育和思政价值引领相结合，帮助学生成为道德高尚、知识渊博、体魄健康的全面发展的合格建设者。正如美国课程专家约翰·D. 麦克尼尔（John D. McNeil）所言，合成课程的精义是情感领域（情绪、态度、价值）与认知领域（理智的知识和能力）的整合，情感方面的因素是增添到课程中去的，从而赋予学习内容以一种个人的意义。[1]最后，各学科课程要通过改良过的、有机融合的教学方法实现课程的教育性，以推动课程思政的实施。各学科课程性质

---

[1] 参见［美］麦克尼尔:《课程: 教师的创新》，徐斌艳、陈家刚主译，教育科学出版社 2008 年版，第 75 页。

不同，思政教育的教学方法自然也不同，无论是规范严谨的陈述，还是引导启发式的演绎，抑或实践操作中的指导，只有有机融合各课程的教学方法，才能更好地实现课程思政育人的目标。

二、高校课程思政的实施原则

（一）系统原则

课程思政的系统原则意味着课程思政应具有整体思维、系统思维，应重视课程思政的元素，注重课程思政的载体、学生、教师、学校的内在关联，实现各要素的无缝对接和信息自由传递，在系统中激活各要素的最大潜能，促成课程思政在"立德树人"过程中的引导功能。

课程思政是一项系统工程，在这一系统工程中，专业课程思想政治教育是最为核心、最为关键和最难解决的部分。只有基于系统思维、借助科学的设计、统筹各种资源、调动多方面的积极性，才能真正推动这一工程卓有成效地开展。[1]专业课程承担着训练学生成为专门人才的使命，通过向学生传授将来谋生的技能，进而影响到大部分学生的工作领域和生活轨迹。学生只有掌握了过硬的专业知识，依靠坚实的积累再加上不断地学习、历练，方可成为胜任工作岗位的人才。课程思政必须建立在牢固的专业知识基础之上，否则在专业课程中大谈理想信念教育便是空话。掌握了牢固知识的学生定能领会课程思政的真意，有考试作弊、学术不端、贪污受贿、滥用职权等行为的学生，就是课程思政没有学好，从而背离了"立德树人"的教育初衷。

（二）互动原则

互动原则建立在系统原则的基础上，更强调元素与元素之间的呼应与配合。"'课程思政'要重视人、环境、教育的互相影响，实现三者的协调配合，从而使所有的课教学过程及教育资源起到共同建构学生知识、能力

---

〔1〕　参见陆道坤：《课程思政推行中若干核心问题及解决思路——基于专业课程思政的探讨》，载《思想理论教育》2018年第3期。

及价值观的作用。"〔1〕互动原则强调课程思政的参与者之间要进行沟通、对话,找准问题,促进落实,实现价值塑造、知识传授和技能培养的有机结合。课程思政的互动包括三个层次,分别是学生与教师的互动、教师与学校的互动、学校与教育部门的互动。这些互动有助于将课程思政存在的问题、积累的经验、效果的评价进行整合,在评估、反思的基础上提升课程思政的水准。

(三)发展原则

随着社会的进步,课程思政也在不断地更新、升级和发展。发展不一定是直线式上升,而是一个不断试错、调整的过程,螺旋式上升是发展的常态。课程思政需要不断地革新从而更好地引领学生的观念塑造、思维认知,用不变的、简单的思维对待课程思政不符合课程思政顺应时代发展、服务现实的使命。〔2〕

当今社会是一个科技社会、网络社会和消费社会,社会的发展速度超过了每个人的预想。课程思政的教授方式、支撑素材,都需要大胆创新。"随着'互联网+'教育时代的到来,原先基于传统知识时代的'点性'生产和'线性'传播与社会对人才培养的要求已不相适应。这必然要求在原有的学科设置的课程版图上不断新增科目和内容,以适应外部环境变化和实践之需。"〔3〕如今学生的认知水平与过去相比发生了很大的变化,现在的学生已经无法离开手机,只要有时间就在各大娱乐平台、购物平台、社交平台浏览。相比于丰富多彩的网络资源,课堂知识就显得灰暗单调了许多,上课甚至成了他们"迫不得已"的负担,对于求知欲的激发缺乏足够的动力供给。很多学生到学校来就是为了一纸文凭,学生学习兴趣的变化、接受知识方式的改变,对课程思政提出了更大挑战和更高期待。〔4〕教师在进

---

〔1〕 邱伟光:《课程思政的价值意蕴与生成路径》,载《思想理论教育》2017年第7期。

〔2〕 参见刘承功:《高校深入推进"课程思政"的若干思考》,载《思想理论教育》2018年第6期。

〔3〕 邱伟光:《论课程思政的内在规定与实施重点》,载《思想理论教育》2018年第8期。

〔4〕 参见任海涛、张惠虹主编:《法学学科课程思政教学范例》,华东师范大学出版社2021年版,第23-24页。

行课程思政的过程中，应大胆利用新型技术、新式教法、新鲜案例，尽可能贴近学生生活，以年轻学生喜闻乐见的方式开展思想政治教育，以获得受教育群体的认同和共鸣。

（四）实效原则

课程思政必须以结果为导向，注重实效。课程思政的实效原则包括方法合理和结果有效。方法合理即课程思政的方法能够服务于课程思政的理念和目标，具体包括两个方面：第一，教学内容安排具有层次性。针对专科生、本科生、研究生的课程思政，教学内容应有所区别和侧重。专科生、本科生的课程思政应强调基础知识、基本技能、做人准则和理想信念的教育；研究生的课程思政应强调国家观、方法论和研究能力的培养。第二，教学方式具有差异性。专科生、本科生的课程思政主要依靠教师的课堂讲授；研究生的课程思政则应以学生的研讨为主，教师加以适当的引导。[1]结果有效则表现为学生通过课程提升了思想政治素养。掌握了专业知识但不具有良好的职业道德和个人修养的学生，走上社会后可能为了个人利益而不择手段。拥有高学历、高水平的专业人才，同时具有较强的自我管理和自我约束的能力，才能够在"对与错""是与非"之间作出正确的选择，而这正是课程思政所希望达到的教育目标。

三、新时期高校课程思政的重要意义

新时期课程思政理念的贯彻落实，对提升高校思想政治教育实效性、充分发挥课堂育人主渠道作用具有不容忽视的意义。全面推进课程思政建设，落实立德树人根本任务，决定着社会主义事业的发展大计和国家的长治久安，具有极其重要的现实意义。

（一）有利于落实立德树人的根本任务

培养什么人、怎样培养人、为谁培养人是教育的根本问题，立德树人

---

[1] 参见任海涛、张惠虹主编：《法学学科课程思政教学范例》，华东师范大学出版社 2021 年版，第 25 页。

成效是检验高校一切工作的根本标准。[1]立德树人要求将价值塑造、知识传授和能力培养融为一体，即将价值观念引导融入知识传授、能力培养的全过程，以帮助学生树立正确的世界观、人生观和价值观。课程思政要求教师在传授知识的过程中，引导学生将所学知识及知识中所蕴含的价值观内化为德行，转化为自身精神系统的有机组成部分，真正内化为学生认识世界、改造世界的能力，成为其认识世界、改造世界的方法。课程思政的建设要求所有高校、所有教师、所有课程都承担好育人责任，守好一段渠、种好责任田，使各类课程与思政课程同向同行，形成协同效应，更好地落实立德树人的根本任务。新时期全面推进课程思政建设，将价值观引导寓于知识传授和能力培养之中，提高时代新人的知识与能力，实现"一体化"与"融合式"培养。[2]现阶段，高校从思政课程到课程思政的教育教学改革已成为实践的必然，在现有基础上采用科学有效的路径，全程、全员、全面提升课程思政在时代新人培养过程中的综合效能，需要打通教育教学过程、内容、管理等环节，构建过程优化、内容凝练、管理创新的新时期"课程思政育人共同体"。

（二）有利于实现青年学生的全面发展

高等学校人才培养是育人和育才相统一的过程。[3]传统教育教学工作存在思政教育和专业教育"两张皮"的现象，此种形式割裂了思政教育与专业教育的关系，在育人与育才之间人为设置了界限。课程思政建设将思想政治工作体系贯通于高水平人才培养体系中，深入挖掘各类课程和教学方式中蕴含的思想政治教育资源，让学生通过学习，掌握事物发展规律，通晓天下道理，丰富学识，增长见识，塑造品格，解决好专业教育和思政教育"两张皮"问题，使学生成为德智体美劳全面发展的社会主义建设者

---

〔1〕 参见《教育部关于印发〈高等学校课程思政建设指导纲要〉的通知》，载 https://www.gov.cn/zhengce/zhengceku/2020-06/06/content_5517606.htm，最后访问日期：2020年5月28日。

〔2〕 参见熊晓轶、王蒙蒙：《新时期课程思政建设与经典案例分析》，吉林大学出版社2022年版，第105-106页。

〔3〕 参见《教育部关于印发〈高等学校课程思政建设指导纲要〉的通知》，载 https://www.gov.cn/zhengce/zhengceku/2020-06/06/content_5517606.htm，最后访问日期：2020年5月28日。

和接班人。新时期，社会对人才培养的要求逐步提高，高校要积极履行人才培养的职责，必须始终服务于青年学生全面健康发展。课程思政的建设促进了各类课程与思政课的融合，以达成协同育人目标，目的在于使学生个性特征得到彰显，充分发挥大学生的自身优势，提高大学生应对社会挑战的能力，提升大学生的综合竞争力，并伴以优良的道德素质以及健康的心理素质，有效应对社会的考验。

（三）有利于弘扬社会主义核心价值观

习近平总书记在学校思想政治理论课教师座谈会上指出，"为学须先立志。志既立，则学问可次第着力。立志不定，终不济事。"要成为社会主义建设者和接班人，必须树立正确的世界观、人生观、价值观，把实现个人价值同党和国家前途命运紧紧联系在一起。[1]课程思政将专业知识与理想信念教育融为一体，改变空洞谈论思想政治理论的做法，有助于引导学生将抽象的政治理论与具体的专业知识结合，进而增强中国特色社会主义道路自信、理论自信、制度自信、文化自信，把爱国情、强国志、报国行自觉融入坚持和发展中国特色社会主义事业、建设社会主义现代化强国、实现中华民族伟大复兴的奋斗之中。在新时期，随着国际形势的急剧变化和我国社会经济结构调整，大学生更应该坚定地以社会主义核心价值观为指引，增强对"四个自信"的价值认同。这就需要高校在思政育人方面发挥积极作用，通过推进课程思政建设，将社会主义核心价值观教育融入专业课程，实现教书育人、立德树人的教学效果。

---

〔1〕 参见习近平：《思政课是落实立德树人根本任务的关键课程》，载《求是》2020 年第 17 期。

第二章

民法典教学课程思政的理论基础

第一节　思政元素与法学专业课程思政

一、思政元素的内涵与挖掘原则

思政元素在价值归属和功能导向上，与高校立德树人的根本任务相匹配，与培养德智体美劳全面发展的社会主义建设者和接班人这一目标高度一致。因此，高校课程思政中思政元素的实质就是立德树人资源，这些资源的核心是价值引领、目的是育人成才、形式是显隐兼备。

思政元素在本质上应该是高等教育立德树人思维理念之下的精神价值和文化基因。所以，以精神价值和文化基因模式存在的思政元素，并非狭隘意义上的几个故事或是若干政策，也不是简单的情绪调动或碎片教条，更不是生拉硬靠或刻意为之，而是要在庞大的教育体系中找到教书与育人之间的内在关联。思想政治工作贯穿教育教学全过程，实现全程育人、全方位育人，就是要在所有课程教学中"润物细无声"地挖掘出与立德树人相关的思想价值、精神内涵。思政元素的梳理挖掘应该是在大思政的视野之下，以立德树人作为教育的综合目标，在各类专业知识理论中摘取、凝练、抽象、升华、萃取出具有正面价值引导作用的教育资源。

思政元素的核心在于"思想"，定位在于"政治"，根本在于"育人"。首先，思政元素是有精神内蕴和文化属性的思想性教育元素，必须具有一定的思想内涵，必须承载着共产主义理想信念的根本价值和中华优秀传统文化的品格基因。其次，思政元素是有明确意识形态属性和政治属性的教育元素，在人类社会一般意义和道德范畴的真善美诉求之外，更应当以理想信念为核心，以爱党、爱国、爱社会主义、爱人民、爱集体为主线。最后，思政元素是有品格涵养和人才培养诉求的育人性教育元素，"追寻教育的本质就会发现，魂育与才育从来都是统一的，魂育是思想统领，才育是能力支撑，魂育在才育中融入深化，才育在魂育引领下充分发挥。"[1]高等学校人才培养应是育人和育才相统一的过程，发挥大学知识培养及思想政治教育双重功能，把立德和育人放在教学顶层设计中，这既是我国推行课程思政建设的初心，也是思政元素挖掘梳理的核心要义。因此，思政元素应该是同时满足思想性、政治性和育人性的具有复合特质的教育资源。

然而，思政元素并没有固定的形式模板，它有可能是显性存在的，也有可能是隐性内蕴的，它与专业课程的匹配度来自价值引导、人文情怀和基本原理的契合对接。专业课程中围绕政治认同、家国情怀、文化素养、法治意识、道德修养等方向所挖掘梳理出的思政元素，有的可以在课堂上"言传"，但更多的思政元素非常潜隐地蕴含在任课教师的"身教"之中，如个人魅力、人生情怀、语言艺术等，这些都需要通过专业育人目标和铸魂育人目标的内在匹配方可实现。有些思政元素是以明确的专业背景故事、职业发展历程为呈现形式，但也有大量的思政元素无法从专业教育中抽象地剥离出来，而是融入专业教育本身价值属性之中，在知识传授和理念培育的同行同向中传递。因此，思政元素的挖掘可以依据专业特色形成通用性质的案例库和模板，但是在具体的梳理挖掘过程中，更为精细的价值引导和生命塑造还是要依赖每个教师的个体素养和隐性培育。[2]

总之，高校课程思政中的思政元素挖掘梳理过程，其实就是专业知识教育过程中真理与价值的统一，是为真理传递价值追求、为价值追求夯实真理底色，挖掘梳理的关键点就在于深挖专业课程教学中的德育内容，把专业课程作为价值与科学连接的精神中介，把立德树人融入教书育人全

〔1〕 李忠军：《当代中国铸魂育人问题论析》，载《社会科学战线》2016年第6期。
〔2〕 参见熊晓轶、王蒙蒙：《新时期课程思政建设与经典案例分析》，吉林大学出版社2022年版，第24页。

过程。

二、法学专业课程的思政元素

专业课程的思政育人主要体现在专业理论知识讲授的过程中，充分结合专业课自身特色和优势，提炼其蕴含的文化底蕴和价值范式，通过具体、生动、有效的课堂教学载体，将专业知识传授与价值引领结合起来，从而达到培养学生运用马克思主义基本原理分析具体社会问题的能力，教育学生如何做人、如何做事。深入思考每一门专业课，都可以凝练出其在情感培育、态度选择、价值引领等方面的教育要求，而这些要求也就是专业课程中的思政元素。法学专业与思政教育从来没有分开过，任何一位法学专业教师在传授法律知识的同时，也必然会传递自己对于民主法治观念、契约精神、规则意识、诚信价值、程序观念等理念的理解。[1]因此，虽然法学专业课程思政是一个新命题，但实质上其并非新鲜事物。

法学专业课程思政要根据法学专业的教育要求，结合课程自身特点，分别从不同角度找准思想政治教育的元素点，设置课程思想政治教育目标，有机融入思政元素，特别是对中国特色社会主义道路自信、理论自信、制度自信、文化自信的教育内容。例如，作为法制史教师，在讲授中国古代法律文明起源时，让学生感受中华文明的源远流长，从而激发学生对中华文明史的兴趣与文化认同；在讲授唐代法律时，阐述编纂者高超的立法技术，从而引导学生树立民族自尊心和自信心；在讲授纷繁复杂的国家与法的历史时，让学生体会到国家安定、宪法权威的重要性。刑法教师在讲授信用卡诈骗罪、帮助信息网络犯罪活动罪时，可以适时教授学生树立正确的消费观，培养理性消费、勤俭节约的优良品质；讲授职务犯罪时，可以引导教育学生坚持廉洁自律、不忘初心的原则。民法教师在讲授民法基本原则、行政法教师在讲授行政法基本原则、民事诉讼法教师在讲授民事诉讼法基本原则的时候，都会重点解读诚实信用原则，以此引导学生在日常

---

〔1〕 参见张晓云：《法学专业课程思政建设路径研究》，载《黑龙江工业学院学报（综合版）》2022 年第 10 期。

生活、工作、交往中坚持契约精神、诚信精神。商法教师在讲授我国改革开放之初民营企业的探索过程时，可以用国内优秀企业家的故事来讲解我国民营企业的发展历史，从而加深学生对于我国法治进程的理解与认同。经济法教师在讲授地方政府债券知识点时，引导学生理解政府信用原则，增强对政府的信任与支持。环境法教师在讲授全球环境治理问题时，引导学生了解中国积极履行国际气候公约并为全球治理提供中国智慧和中国方案的事实。劳动法教师在讲授劳动合同的解除制度时，通过介绍典型的劳动争议案例，引导学生掌握劳动合同解除的内容并增强其社会责任感。知识产权法教师在讲授知识产权基本制度概述时，以中美贸易摩擦为例，阐述现阶段我国面临的复杂多变的发展环境，唯有坚持以创新为核心，科技自立自强，才能在未来国际竞争中掌握主动权。国际经济法教师通过讲授国际经济法三大基本原则，引导学生树立人类命运共同体理念。

三、法学课程思政与其他课程思政的关系

（一）法学课程思政与其他课程思政的共同作用

习近平总书记指出，各门课程都要守好一段渠、种好责任田，使各类课程与思想政治理论课同向同行，形成协同效应。法学课程思政与其他课程思政应当具有一致目标，与思想政治理论课同向同行。首先，政治方向上同向而行。无论什么学科、专业的课程思政，都应当在政治层面具有高度的一致性，这需要课程的建设和实施始终坚持四项基本原则，共同作用于推动学生对道路、国家、民族、理论、制度、文化等的认同，要自觉同党中央保持高度一致，自觉维护党中央权威，党中央提倡的坚决响应，党中央决定的坚决照办，党中央禁止的坚决杜绝。其次，育人方向上同向而行。课程思政应当始终坚守育人的目标，始终关注"培养什么人、怎样培养人、为谁培养人"的问题，把方向统一到坚持中国特色社会主义道路、培养社会主义接班人、建设有中国特色的社会主义现代化强国的目标上。当代中国，课程思政的育人方向要统一到学习贯彻习近平新时代中国特色社会主义思想层面上，始终坚持认为培养人才是为了建设新时代中国特色

社会主义服务，是为了坚守新时代中国特色社会主义道路，是为了增强理解和发展中国特色社会主义理论体系服务，是为了增强理解和发展中国特色社会主义制度服务，是为了增强理解和发展中国特色社会主义文化服务。[1]也就是说，各课程的课程思政内容在育人方向上都要统一到中国道路、中国理论、中国制度、中国文化的认同层面上来，增强学生的道路自信、理论自信、制度自信和文化自信。最后，文化认同上同向而行。课程思政成效问题，根本上说还是一个文化认同、价值观念认同的问题。因此，各课程的思政内容在文化认同、价值观认同上要保持一致，要统一起来，不能自说自话，甚至相互矛盾。就具体内容的落实而言，各课程的思政内容应当统一到中华优秀传统文化认同、当代中国文化认同、当代中国价值观认同、人类共同价值观认同的层面上来。毕竟，课程思政在当代中国价值观层面的统一性，其实就表现为社会主义核心价值观。

法学课程思政与其他课程思政还需要合力而行，要求它们相互之间步调一致、相互促进、相互补充、共享发展。首先，法学课程思政与其他课程思政之间要步调一致。步调一致是指各课程思政在引导学生塑造正确的世界观、人生观、价值观方面，始终处于同一步调，紧紧围绕坚定学生理想信念，以爱党、爱国、爱社会主义、爱人民、爱集体为主线，围绕政治认同、家国情怀、文化素养、法治意识、道德修养等，重点优化课程思政内容供给，系统进行中国特色社会主义和中国梦教育、社会主义核心价值观教育、法治教育、劳动教育、心理健康教育、中华优秀传统文化教育。其次，法学课程思政与其他课程思政之间可以相互促进。随着社会的发展，学科的发展呈现出开放性，如随着大数据、人工智能技术的发展，法律与科技的融合发展也成为人们关注的重点。此时，法学的发展应注重对技术伦理的关注和回应，技术开发、运用也应当受到法律的规制。体现在思政教育上，在法学课程中，应当引导学生关注技术伦理、技术标准的规范作用；在智能科技相关课程中，应促进学生形成崇德尚法的规范意识。再次，

---

[1] 参见任海涛、张惠虹主编：《法学学科课程思政教学范例》，华东师范大学出版社2021年版，第11页。

法学课程思政与其他课程思政之间还可以相互补充。课程思政建设要深入梳理专业课教学内容，结合不同课程的特点、思维方法和价值理念，深入挖掘课程思政元素，有机融入课程教学，而课程之间存在一定的区别，它们各有侧重，如文史哲课程更注重社会主义核心价值观、中华优秀传统文化、革命文化、社会主义先进文化的培育、弘扬和践行，而经管、法学类课程更注重培养学生经世济民、诚信服务、德法兼修的职业素养。因此，应注重法学课程思政与其他课程思政在思政教育方面作用的互补性。最后，法学课程思政与其他课程思政可以共享信息和资源。法学课程思政与其他课程思政共享主要体现在学生思想观念资源共享、课程建设资源共享、教学方式方法资源共享等方面。高校应不断优化共享结构、方式、途径，推动法学课程思政与其他课程思政的协同发展。

（二）法学课程思政在课程思政体系中的特有作用

法学课程思政作为课程思政中的重要组成部分，在培养法治精神、规范意识、贯彻国家方针政策等方面，具有极为突出的思政教育作用。具体而言，法学课程思政在课程思政体系中的特有作用，主要体现为以下四点：

第一，有助于培养德法兼修的法治建设者和接班人。习近平总书记指出，全面依法治国是坚持和发展中国特色社会主义的本质要求和重要保障，事关我们党执政兴国，事关人民幸福安康，事关党和国家事业发展。随着中国特色社会主义事业不断发展，法治建设将承载更多使命、发挥更为重要的作用。中国特色社会主义法治道路的一个鲜明特点，就是坚持依法治国和以德治国相结合，强调法治和德治两手抓、两手都要硬。法学教育要坚持立德树人，不仅要提高学生的法学知识水平，而且要培养学生的思想道德素养。[1]德法兼修的法治人才在很大程度上影响和决定着我国法治建设的速度和成效。在法学课程中推进课程思政建设，通过法律知识的传授、法治精神的培育，让学生在法学规范体系内理解法律、法治的精神实质，

---

〔1〕　参见《习近平在中国政法大学考察》，载 http://www.xinhuanet.com/politics/2017-05/03/c_1120913310.htm，最后访问日期：2024 年 9 月 26 日。

明晰法律与道德的关系，从道德、法律内化为自身修养的角度提升自身素养，真正成为崇德尚法的法治建设者和接班人。

第二，有助于增强公民的规则意识，养成遵纪守法的社会习惯。法律作为一种社会规范，既能指引人们的行为，也能为司法者、执法者提供裁判依据。但法律的遵守和实施如果仅依靠外在的强制力量，不仅效率低下，也会徒增司法成本。因此，最为有效的法治实施方式就是人们在对法治信仰基础上的自觉遵守法律。法学课程思政的建设和实施，能够在向学生传授法律规范知识体系的同时，促进学生发现蕴含在法律规范背后的价值观念、法治精神，使其养成遵纪守法的习惯。[1]例如，在宪法课上的公民基本权利和义务、国体、政体等内容讲授过程中，结合其他国家的政治制度的优劣，分析我国社会主义制度的优越性，让学生理解我国社会主义制度如人民代表大会制度的价值和意义，进而从内心深处认同国家的基本制度设置；在民法、刑法的部门法课程中，让学生理解具体法律制度的设置与社会主义核心价值观、中华优秀传统文化之间的关系，全面提升法科学生的思想政治素养，实现全方位育人的教育效果。

第三，有助于在坚定学生理想信念的同时，提升学生理论联系实际的能力。习近平总书记强调，法学学科是实践性很强的学科，法学教育要处理好知识教学和实践教学的关系。[2]法学教育教学过程，既涉及理论知识的传授，也涉及实践能力的培养。在理论知识传授方面，思政内容的融入能够真正让学生理解中国特色社会主义法治体系是根植于我国土壤、文化之中的法律制度，具有优越性，进而坚定学生崇尚社会主义法治的理想信念。同时，法学的实践特点要求学生在课程学习的同时积极实践，将所学知识运用于社会现实生活，这要求学生在学习法律制度的同时，关注社会现实。在这个过程中，学生的实践能力无疑能够得到锻炼和提升。这种既传授法学专业知识又践行社会主义核心价值观的课程推进方式，真正实现

---

〔1〕 参见任海涛、张惠虹主编：《法学学科课程思政教学范例》，华东师范大学出版社2021年版，第13-14页。

〔2〕 参见《习近平在中国政法大学考察》载 http://www.xinhuanet.com/politics/2017-05/03/c_1120913310.htm，最后访问日期：2024年9月26日。

了把文章写在祖国的大地上，是最为生动的思政教学形式。

第四，有助于提升学生的法治思维能力，降低社会治理成本。思政教育的目的在于立德树人，但从社会资源有限性的角度看，我们不能完全忽略成本。通过思政教育以较低的成本实现社会治理的法治化，是法律人共同追求的目标。在法学课程思政建设过程中，将体现国家意志的法律、社会主义核心价值观与社会实际相联系，让学生在现实生活中理解和掌握法律。这样一来，法律的指引作用便能得到贯彻落实，人们通过法治方式思考和解决问题的能力亦能得到增强。同时，因为法律得到了遵守和执行，社会主体行为违法的可能性得以降低，解决纠纷的方式也逐渐法治化、规范化，社会治理成本也大大降低。

第二节　民法典中的思政元素

2020 年 5 月 28 日，十三届全国人大三次会议审议通过了《民法典》，这是自中华人民共和国成立以来第一部以法典命名的法律，是习近平新时代中国特色社会主义法治建设的重大标志性成果。无论作为一种制度方式还是作为信念，民法典都是人民群众在走向美好生活实践中充分实现自我价值、不断自我完善、追求自由全面发展的重要保障。习近平总书记强调，要把民法典纳入国民教育体系，加强对青年学生的民法典教育。准确理解民法典精神，深入挖掘民法典中的思政元素，探索民法典教学的课程思政路径，将民法典学习融入学生社会主义核心价值观的培育过程，是新时代高校民法学专业教师应认真研究的重大课题。

一、民法典精神的阐发

民法典教学的首要任务是对学生在民法典精神方面的塑造，离开民法典精神去探寻民法要义犹如缘木求鱼。因此，精神是第一性的，规则是第二性的。"凡一国之能立于世界，必有其国民独具之特质。上自道德法律，下至风俗习惯、文学美术，皆有一种独立之精神，祖父传之，子孙继之，然后群乃结，国乃成。"[1]梁启超在《新民说》中的这段话说明了"精神"对一个国家的重要性。习近平总书记指出，人无精神则不立，国无精神则不强。精神是一个民族赖以长久生存的灵魂。[2]中华民族几千年来所传承下来的优秀文化精神在社会主义核心价值观中都有所体现，后者又吸纳了现代社会的自由、民主、法治的精神。因此，社会主义核心价值观是中华文明精神的集大成者，当今中国，一切规则、制度之订立运行，皆是该价值观在某一方面的具体体现，民法典也不例外。然而，"民法的规范构造，只是立法者的法律形式构造，只有民法精神的行为构造，才是现实的法治和法治文化构造。"[3]因此，民法学教师应当向学生阐明社会主义核心价值观与民法典精神的共义与耦合。形式上虽然是思政教育之渗透，实质上却是民法典精神之阐发。

《民法典》第 1 条规定，"为了保护民事主体的合法权益，调整民事关系，维护社会和经济秩序，适应中国特色社会主义发展要求，弘扬社会主义核心价值观，根据宪法，制定本法。"据此，民法典之目的在于保护私权与弘扬价值。民法学者普遍强调民法是权利法，可见权利在民法各要素中的首领地位。而权利中显现的是独立人格，而人格与一国之国格并列且相互依存。所谓并列是就独立而完整的存在体而言；所谓依存则指个人存在于国家之内并依赖于它，而国家的存续同样离不开每一个个体。我国历史发展的主线是统一，故更偏重于依存的第一性。因此，爱国主义是我国民族精神的核心。[4]然而，爱国精神并不仅仅是一腔热血，在和平年代它更着墨于理性地对待个人与国家之间的关系，而这，当以深谙民法典精神为基础。民法典精神，说到底就是一种为权利而斗争的精神，它是个人人格完整性的体现。虽然法律人格并不是全部的人格体现，但却是不可或缺的部分。为彰显个人权利之重要性，《民法典》将人格权独立成编，意在向世

---

〔1〕 梁启超：《饮冰室合集》（专集第四册），中华书局 1989 年版，第 6 页。

〔2〕 参见《习近平谈治国理政》（第二卷），外文出版社 2017 年版，第 47—48 页。

〔3〕 王利民：《论民法精神的行为性与生态性》，载《法治现代化研究》2019 年第 2 期。

〔4〕 参见王易：《高校社会主义核心价值体系教育应注意的几个问题》，载《学校党建与思想教育》2014 年第 3 期。

人宣告中国对个人权利之珍视。每个人只有通过知道、理解和珍惜自身之权利，才有以同等情感去维系他人权利之基础，进而才可能去保护和爱惜国家之权利。[1]因此，可以说，爱国精神其实与民法典的权利精神相通，爱国精神指引着民法典的编纂，并始终贯穿融入于民法典精神之中。本书以民法典精神与爱国精神之间的关系为例，阐发民法典精神中蕴含的社会主义核心价值观，至于民法典精神的其他外延，皆可以此路径进行挖掘和传授。

二、民法典的价值表达

我国的社会基础道德规范经过不断发展凝聚为社会主义核心价值体系，主要体现为"社会主义核心价值观"。以社会主义核心价值观为精神指引编纂的民法典，在其精神上深深地打上了中国烙印，符合中国国情，[2]其在阐述立法目的和法律解释、凝聚道德共识、指导和规范民事司法审判等方面正在发挥重要的作用。

（一）价值目标：弘扬社会主义核心价值观

法律规范总有相应目的支撑，即规范性文件在调整社会关系中所要达到的实施效果。《民法典》第 1 条明确了其立法目的包括"弘扬社会主义核心价值观"，这正是民法典所蕴含的价值目标。从形式上看，弘扬社会主义核心价值观是与维护社会和经济秩序并列的立法目的，但从价值上看，其是我国民法典立法目的中的精神价值层面的目标，这宣示了这部法律所体现的意识形态与道德风尚。2019 年 10 月，中共中央、国务院印发的《新时代公民道德建设实施纲要》提出将社会主义核心价值观全面体现到中国特色社会主义法律体系中，体现到法律法规立改废释、公共政策制定修订、

---

〔1〕　参见丁宇峰、王艳丽：《民法典时代民法教学中思政教育的实施》，载《黑龙江省政法管理干部学院学报》2020 年第 5 期。

〔2〕　参见谢天长、叶琛：《社会主义核心价值观与〈民法典〉编纂》，载《福建论坛（人文社会科学版）》2020 年第 9 期。

社会治理改进完善中，为弘扬主流价值提供良好社会环境和制度保障。[1]中国民法典体现了坚持依法治国与以德治国相结合的特色，这对于片面强调意思自治、机械地适用公平原则、默认形式上的法律地位，以及强调法律行为"无因性"带来的情理矛盾等法律现象，无疑是重要的修正。

（二）价值诠释：原则与规则的价值观体现

社会主义核心价值观基本内容概括为 12 个关键词，其中，《民法典》条文中通过"基本原则"就直接规定了 6 个，包括平等、自由、公正、诚信、文明、和谐。此外，总则编中的紧急救助人责任豁免规定、英烈人格利益的特殊保护规则，物权编中的相邻关系制度、居住权制度，合同编中的缔约过失责任、无因管理、不当得利，人格权编中的禁止性骚扰条款、各类具体人格权的保护规定，婚姻家庭编中的离婚冷静期制度、离婚后的父母子女关系规则、离婚经济补偿制度，继承编中的遗产酌给制度、继承权的丧失与宽宥规定，侵权责任编中的自甘风险规则、好意同乘的责任承担规则、高空抛物的责任承担规则都是社会主义核心价值观的具体体现。这些规定或制度摆脱了单纯的语义分析与推理技术运用于法律调整社会关系过程中产生的争论，体现了通过立法对社会主义核心价值观的维护与引领，通过法律"行为模式"的设定，发挥匡扶正义、引领新时代社会道德风尚的积极作用。

（三）价值引导：核心价值观的司法运用

法典的真正功能"并非仅仅是将过去法律发展的成果置入更美的和更权威的外形之中，而更多的是为了法学的和司法的新起点奠定一个基础"。[2]从中国传统的民事审判与制度规范的关系来看，中国的法律话语是在实践之中孕育、在民事纠纷的法律现实中提炼而成，反过来又通过实践渗入社会，并不知不觉地在各类社会角色的头脑中，砌筑法律思想的"意识形态"。[3]

---

〔1〕 参见《中共中央 国务院印发〈新时代公民道德建设实施纲要〉》，载 https://www.gov.cn/zhengce/2019-10/27/content_5445556.htm，最后访问日期：2024 年 9 月 26 日。

〔2〕 ［美］庞德：《普通法的精神》，唐前宏等译，法律出版社 2000 年版，第 103 页。

〔3〕 参见刘星：《法律的隐喻》，广西师范大学出版社 2019 年版，第 217 页。

法律作为特定物质生活条件所决定的规范体系，其有效实施必须同以社会道德为基础的社会环境相匹配。司法实践是将法律规则直接作用于社会关系的调整，是实现民事法律关系的具体体现。在弘扬和培育社会主义核心价值观的背景下，民事裁判不断加强社会主义核心价值观融入裁判文书的说理论证过程，在公平公正解决当事人矛盾的同时，发挥民事审判"定分止争"的作用，宣示民法典的价值理念，凝聚价值共识，维护社会和谐稳定。

　　2018 年 9 月，最高人民法院发布《关于在司法解释中全面贯彻社会主义核心价值观的工作规划（2018-2023）》，并分三次发布了弘扬社会主义核心价值观的指导性案例与典型案例，用以规范指引地方各级人民法院的裁判行为，提高社会主义核心价值观司法适用的规范性和准确性。为进一步引导法官正确运用社会主义核心价值观释法说理，2021 年 1 月，最高人民法院印发《关于深入推进社会主义核心价值观融入裁判文书释法说理的指导意见》（以下简称《指导意见》），要求人民法院在司法裁判中深入阐释法律法规所体现的国家价值目标、社会价值取向和公民价值准则。该《指导意见》指出，民商事案件可运用社会主义核心价值观阐述裁判依据与理由；当事人引用社会主义核心价值观为诉讼理由的，人民法院应当予以回应。[1]深入推进社会主义核心价值观融入裁判文书释法说理，实际上就是将法律的适用纳入了端正风俗、道德教化的框架之中，并赋予了法官通过价值权衡进行自主裁量的权利；不仅充分发挥了司法在国家治理、社会治理中的规则引领和价值导向作用，而且重塑了法律职业的共同意识形态，使之真正成为一项"有目的的事业"。[2]

---

　　〔1〕　参见《关于深入推进社会主义核心价值观融入裁判文书释法说理的指导意见》，载 https://www.court.gov.cn/zixun/xiangqing/287211.html，最后访问日期：2024 年 9 月 26 日。

　　〔2〕　参见张凡、蔡文龙：《〈民法典〉实施背景下民法学课程的思政元素融入的现实路径》，载《河北工程大学学报（社会科学版）》2023 年第 1 期。

第三节　民法典教学课程思政的特征和意义

一、民法典教学课程思政的特征

（一）人民性

我国的民法典是中国特色社会主义的民法典，其课程思政具有人民性的内在基因。一方面，在以人民为中心的教育理念下，民法典教学课程思政要求在教学过程中把握思想政治教育规律，贯彻立德树人的本质要求。这既是对马克思主义"人的全面发展"思想的实践，也是对以人为本教育理念的升华，[1]旨在实现新时代中国特色社会主义高等教育的新发展与新要求下的人民性要求。另一方面，在以法治实践为中心的视角下，坚持以人民为中心是习近平法治思想的核心要义，而民法典作为保护社会中最广泛的民事主体权利的"权利法"之代表，是保障人民权益的重要法制基础，其各项制度无不充分体现人民性的本质特征。例如，我国民法典中的绿色原则、生态环境损害责任制度，不仅可以激发全社会保护生态环境的积极性与主动性，更是通过制度安排实现对人民生存权、发展权、健康权的保障，实为民法典制度人民性的具体体现。[2]为此，民法典教学课程思政应通过具体民法知识的传播与民法制度的讲解，解析其背后的人民性特征，使学生深刻理解我国民法典的立法追求与价值取向，将以人民为中心的要求内化为学生精神世界的组成部分，潜移默化地对其世界观、人生观、价值观产生积极影响。

（二）导向性

民法典教学课程思政作为课程思政的具体实践形式，旨在发挥非思政课程的思想政治教育功能，实现思政课程与民法学课程在立德树人方面的

---

〔1〕　参见董勇：《论从思政课程到课程思政的价值内涵》，载《思想政治教育研究》2018年第5期。

〔2〕　参见王志民：《人民性、系统性和世界性的有机结合》，载《光明日报》2021年12月29日，第10版。

同频共振。思政课程在根植理想信念时恰当融入民法典的内容，可形成素材支撑，增加思政教育的生动性和说服力；而民法课程在专业知识、技能的传播中通过注重品德塑造与价值引领，使专业教育获得生命力与向心力。民法典教学课程思政通过构建学生民法知识体系的同时亦构建其价值体系，激发其学习法律知识和解决法律问题的兴趣，形成用所学的法律知识服务社会的理念，并进一步培育法律职业伦理，树立法治观念，使民法典实践活动在社会主义核心价值观的指引下开展，实现在马克思主义法学思想和中国特色社会主义法治理论的指导下培养德法兼修的法治人才。

（三）创新性

首先，在理念层面，民法典课程思政并非一门新的法学课程，其是一种新的教育理念和思维方法在民法典教学中的创新性实践，是为了实践"高等学校人才培养是育人和育才相统一的过程"，[1]是为了充分发挥民法学课程的德育功能以回应提升高校思想政治工作实效与质量的时代需求。因此，在民法典教学课程思政的实践过程中，要求教师在精通民法专业知识的同时秉持创新精神，在教书过程中牢记育人职责，遵循思想政治教育规律、教书育人规律和学生的成长规律，运用德育的科学思维，在民法专业知识的传授中培养人、塑造人，让民法课程、民法教师担当价值塑造、知识传授和能力培养三位一体的育人目标与育人职责。其次，在内容层面，民法典植根于市场经济，具有鲜明的时代特征。我国民事法律的新发展、新变化突出反映了人民对公平、文明、和谐等价值观的追求。因此，民法典教学课程思政的开展应高度重视民事法律的创新性，充分挖掘民法课程中适应时代发展要求与形势变化的思政元素，实现民法典教学与时俱进。最后，在方法层面，由于法学教育历来强调理论与实践相结合、知识更新与信息获取需快捷，因此，为使民法典教学能够科学、合理、高效地发挥思政教育功能，并能应对新时期、新环境、新技术提出的挑战，就需要教师在教学方式和技术手段上进行创新，如综合运用翻转课堂、云课堂、网

---

〔1〕《教育部关于印发〈高等学校课程思政建设指导纲要〉的通知》，载 https://www.gov.cn/zhengce/zhengceku/2020-06/06/content_5517606.htm，最后访问日期：2024 年 9 月 26 日。

络思政资源共享等，通过多元化的教学资源、工具和灵活的教学方式、手段，更好地实现课程思政育人的教育效果。

（四）实践性

作为专业课程践行课程思政的具体形式，民法典教学课程思政天然地具有普遍意义上的实践性特征。这使民法典教学课程思政具有特别的实践性意义与价值，其也最易激活专业知识中思政元素的育人效果，实现隐性的思政教育。因此，民法典教育应强调理论与实践相结合，将具体民法知识投射和运用到学生对实践性问题的思考与解决中，并加强实践性教学环节，使学习者在解决实践问题中体悟道理、养成品德、升华思想，最终完成价值观的构建与民法法治素养的形成，并提高青年学生回应新时代人民群众的法治需求的实践能力。[1]

二、民法典教学课程思政的意义

（一）落实立德树人根本任务的必然要求

我国教育始终以培养社会主义建设者和接班人为己任。要实现这一目标，关键在于思想政治教育。习近平总书记强调"各门课都要守好一段渠、种好责任田，使各类课程与思想政治理论课同向同行，形成协同效应"。课程思政要求思政教育不应局限于思政课堂，而是结合专业课内容，最大限度挖掘专业课中的思政元素，引导受教育者在学习专业知识的同时，树立正确的世界观、人生观和价值观。高校法学教育只有坚持社会主义方向，才能培养出合格的社会主义建设者和接班人。要培养一代又一代立志为实现中华民族伟大复兴而奋斗的有用之才，就需要引导学生加强对马克思主义最新成果的政治认同、理论认同和情感认同。[2]《民法典》是马克思主义法治理论中国化的最新成果和集中体现，学习《民法典》有助于引导学生认同中国特色社会主义法治道路，树立法治理念，提高权利义务观念、守

---

〔1〕 参见杨惟钦：《民法"课程思政"的内在机理与实践路径研究》，载《法学教育研究》2023 年第 1 期。

〔2〕 参见莫江平等：《民法典精神融入高校思政课的路径探析》，载《煤炭高等教育》2022 年第 2 期。

法观念、责任观念和契约精神以及理性参与社会公共事务的法治能力，促进时代新人的全面发展。高校法学专业教师应积极探索民法典教学课程思政改革，将思政元素融入民法典教育，帮助学生在学习法律知识的同时，发自内心地领会民法典中所蕴含的社会主义核心价值观，真正实现以社会主义法治精神教育、引导、滋养学生，最终达到立德树人的教育目标。

（二）依法治国与以德治国的内在要求

在党的十九大报告中，习近平总书记将坚持全面依法治国确定为推进新时代中国特色社会主义伟大实践的重要方略，从而将依法治国提到了新的高度。从对依法治国目标及实现途径的分析来看，其体现了两个要求，即亚里士多德提出的"法治应包含两重意义：已成立的法律获得普遍的服从，而大家所服从的法律又应该本身是制定得良好的法律。"[1]归根结底，就是要做到"良法善治"，"善治"的前提是"良法"。《民法典》的颁布是中国在依法治国建设中实现"善治"的基石，其对社会主义核心价值观内容的内化更是弘扬价值观的保障，而"善治"的落实不仅是国家立法机关、行政机关、司法机关的职责，也需要人民在法治思维指引下，主动维护法律权威，共同推进法治社会建设。然而，在道德缺位下的社会治理中，法律将成为令人畏惧的冰冷工具，一旦出现法律调控失灵或机械执法的情形，反而会在国家与人民之间制造不必要的冲突。[2]因此，依法治国的纵深发展，同样需要将社会主义核心价值观中有关传统美德和社会公德的要求内化于心。当不再将法律中关于义务的规定片面认定为对个体束缚的枷锁，而是从保障个人自由、实现社会和谐有序发展的层面进行理解时，才能真正去除人民对法律的刻板印象，使人民自觉遵守法律规定。可见，民法典教育与思政教育的融合，是通过道德教育来强化法治教育的重要途径。

（三）新形势下阐释"四个自信"的迫切要求

多年来，以美国为首的一些西方国家为维护自身霸权，一直利用"人

---

〔1〕［古希腊］亚里士多德：《政治学》，吴寿彭译，商务印书馆1965年版，第199页。
〔2〕参见李津：《民法典学习融入社会主义核心价值观培育探析》，载《金华职业技术学院学报》2022年第1期。

权""法治"等口号作为政治武器攻击、打压中国，宣扬西方法律话术体系，西方法律思想及法律制度在一定程度上对部分人的思想造成冲击。我们应该认识到，我国法学教育长期以来缺少对思想政治因素的深入挖掘，又在教学中大量引进西方法律思想，由此使马克思主义法律思想受到一定冲击。但中华人民共和国成立以来的实践及取得的成就证明，中国特色社会主义制度具有无可比拟的优越性。作为中国特色社会主义制度重要组成部分的中国特色社会主义法律体系，也同样具有生命力和优越性，法学教育须用"四个自信"来回应西方文化霸权。[1]《民法典》的制定和出台，彰显了社会主义法律的本质特征，体现了中国共产党以人民为中心的发展思想，是推动我国人权事业发展的有力举措。面对复杂的国际形势和我国当前所处的国际环境，包括民法典教学在内的法学教育需立足中国实际，坚持马克思主义立场，让学生意识到社会主义法律是人民的法律，培养学生的社会主义法治精神和正确的价值观，正面抵制"全盘西化"的错误倾向，坚定"四个自信"，逐步构建具有鲜明中国特色、实践特色、时代特色的法治话语体系，引导学生坚定不移地走社会主义道路。

（四）培养学生价值认同的现实要求

当前，尽管大学生了解社会主义核心价值观的具体内容，但常常在日常生活中表现出被动和质疑的态度，甚至出现与社会主义核心价值观相背离的行为。之所以出现知识内化与实践外化相分离的情况，其根源在于缺乏对社会主义核心价值观的认同感。认同感的缺失主要源于知识内化程度不足，学生未能从价值渊源、内在要义的层次全方位理解社会主义核心价值观，因此社会主义核心价值观的内化结果难以上升为责任意识，实践中自然难以实现价值观的外化效果。长期以来，高校作为大学生思想政治教育的主阵地，理应充分发挥社会主义核心价值观培育的宣传、引领和教育作用。然而，正如习近平总书记所指出，只有空洞的价值观说教，没有科

---

〔1〕 参见骆晓宇：《开放教育〈民法典〉教学中课程思政建设的构想》，载《内蒙古电大学刊》2021年第5期。

学的知识作支撑，价值观教育的效果也会大打折扣。[1]在理论素养不足的情况下建立的国家情感、民族态度将如同空中楼阁，在实践中经不起考验。因此，大学生社会主义核心价值观的培育阵地，不应仅仅局限在思政课堂上，而是应积极发挥各门课程的协同作用，探索课程思政在价值育人方面的新路径。民法典是以社会主义核心价值观为精神指引编纂而成的，天然地具有价值观教育的优势。在民法典教学过程中，注意结合社会主义核心价值观去阐释民法基本原则和具体民事制度，能够使学生在学习民法典具体知识点时，潜移默化地提升价值认同，寓思想政治教育于无形，实现知识育人、价值育人、全方位育人的教学效果。

第四节　民法典教学课程思政的路径探索

一、民法典教学课程思政的总体理念

习近平总书记在全国高校思想政治工作会议上指出，要因事而化、因时而进、因势而新。要遵循思想政治工作规律，遵循教书育人规律，遵循学生成长规律，不断提高工作能力和水平。[2]因事而化、因时而进、因势而新是开展民法典教学课程思政的总体理念。

因事而化，即运用民法典帮助学生解决社会生活问题，引导学生正确认识民法典所体现的中国特色社会主义道路、理论、制度、文化的发展实践，运用民法典教育帮助学生客观理解中国现实与外部环境。因时而进，即民法典精神阐释需要紧跟民法典时代发展进路，关注时代发展、紧扣时代脉搏、反映时代特点。民法典精神反映了当今时代凸显的特征，比如开放性原则反映了全球化的时代特点，对数据、虚拟财产、个人信息的保护

---

〔1〕　参见习近平：《思政课是落实立德树人根本任务的关键课程》，载《求是》2020 年第 17 期。

〔2〕　参见《习近平在全国高校思想政治工作会议上强调：把思想政治工作贯穿教育教学全过程 开创我国高等教育事业发展新局面》，载 http://www.moe.gov.cn/jyb_xwfb/s6052/moe_838/2016 12/t20 161208_291306.html，最后访问日期：2024 年 9 月 26 日。

体现了科技智能化的科技革命和产业变革趋势，需要通过民法典教育让学生明白其所处的时代背景和担负的责任使命。因势而新，则要求我们顺应世界百年未有之大变局和社会新发展趋势。当前世界正面临着信息革命、数字革命，思政教育同样也面临着巨大的挑战。民法典教育课程思政同样需要适应学生网络学习生活新常态，遵循网络思想政治教育场域新特点，充分发挥民法典精神的网络教育作用。[1]"三因"不仅是做好思想政治工作的重要理念，也是马克思主义与时俱进的理论品格和科学的思想方法的深刻概括。民法典教学以马克思主义法学思想和中国特色社会主义法治理论为基础，在开展课程思政育人的过程中坚持因事而化、因时而进、因势而新的总体理念，提高民法典教育的针对性和有效性，才能更好地培养德法兼修、专业过硬的社会主义法治人才。

二、民法典教学课程思政的具体路径

（一）多角度深入挖掘民法典的思政元素

教师要想讲好一堂课，需自己首先学好这堂课；若想在民法典教学课程思政中取得好的效果，首要的前提是任课教师对我国民法典中的思政元素了然于胸。因此，应多角度深入挖掘民法典中的思政元素。

首先，从民法典立法背景及重大意义方面挖掘思政元素。教师要使学生了解民法典的立法背景和重大意义，认识到它的出台有利于固根本、稳预期、利长远，有利于社会主义法治国家的建设，有利于推动我国人权事业的发展；认识到民法典从制定到出台的各个环节，都在回应着时代需求，其"既是生活时代精神的生动体现，也是民族精神的立法表达"。[2]

其次，从民法典立法目的方面挖掘思政元素。由《民法典》第 1 条的规定就可以看出，弘扬社会主义核心价值观是民法典的立法目的之一。2018年中共中央印发的《社会主义核心价值观融入法治建设立法修法规划》中

---

〔1〕 参见尹禹文：《民法典教育融入高校思政课教学的三重维度论析》，载《文教资料》2022年第 18 期。

〔2〕 徐隽：《编纂凝聚中国智慧的民法典》，载《人民日报》2020 年 1 月 7 日，第 5 版。

就明确提出，推动社会主义核心价值观入法入规，使法律法规更好地体现国家的价值目标、社会的价值取向、公民的价值准则。[1]《民法典》的出台就是落实这一要求的生动体现。通过向学生讲解民法典立法目的中的"弘扬社会主义核心价值观"这一内容，使其确立法治与德治有机统一的观念，深刻领会民法典中所蕴含的道德思维，将其内化于心、外化于行。

再次，从民法典确立的民法基本原则方面挖掘思政元素。民法基本原则贯穿于整个民事法律体系，也是民法从立法、执法到守法各环节必须遵从的原则。我国民法典确立的基本原则与社会主义核心价值观的内容具有内在一致性。例如，平等原则可以鲜明地体现社会主义核心价值观中的"平等"的价值导向，自愿原则可以体现"自由"的价值导向，公平原则可以体现"公正"的价值导向，诚信原则可以体现"诚信"的价值导向，公序良俗可以体现"文明"的价值导向，绿色原则可以体现"和谐"的价值导向。通过民法基本原则与社会主义核心价值观相融合，可以在加强对学生法治教育的同时，将社会主义道德教育贯穿其中，以道德滋养法治，引导学生自觉以民法基本原则约束日常生活及行为，弘扬主流价值。

最后，从民法典的具体制度设计方面挖掘思政元素。民法典在具体制度设计上也可体现出以人民为中心的发展理念和对中华优秀传统美德的弘扬，它是时代精神和民族精神的立法表达。[2]例如，《民法典》在物权编、合同编的一些条款中明确了对民事主体的诚信利益导向机制和失信惩戒机制，一方面宣扬诚信这一品德，另一方面传承"人而无信，不知其可也"的强烈民族精神；再如，婚姻家庭编与继承编中的诸多制度，均体现了对家庭美德的弘扬和家庭和谐的维系，以及对家庭中老人、妇女、未成年人更多的关照，是"爱国""和谐""友善"等社会主义核心价值观在民事法律制度中的具体体现。

---

〔1〕　参见《中共中央印发〈社会主义核心价值观融入法治建设立法修法规划〉》，载 https://www.gov.cn/zhengce/2018-05/07/content_5288843.htm，最后访问日期：2024 年 9 月 26 日。
〔2〕　参见骆晓宇：《开放教育〈民法典〉教学中课程思政建设的构想》，载《内蒙古电大学刊》2021 年第 5 期。

（二）构建民法典课程思政元素的完整体系

在多角度深入挖掘民法典中的思政元素的基础上，民法典教育课程思政需将弘扬社会主义核心价值观作为主线，以坚定"四个自信"为重要基础，构建《民法典》各编固定的思政元素，形成完整的民法典思政元素体系。

具体而言，总则编围绕依法治国与以德治国相结合，突出法治、诚信、友善的价值导向；物权编围绕以人民为中心的物权观，突出爱国、富强、民主的价值导向；合同编围绕优化营商环境、繁荣社会主义市场经济，突出诚信、平等、敬业的价值导向；人格权编围绕权利意识，突出法治、平等、友善的价值导向；婚姻家庭编围绕优秀传统文化传承，突出文明、和谐、自由的价值导向；继承编围绕家庭文明建设，突出公正、法治、友善的价值导向；侵权责任编围绕法益平衡思想，突出文明、友善、和谐的价值导向。在授课过程中，加强《民法典》各编、章课程思政融入的协调性，在体现社会主义核心价值观主线的同时，突出各编、章及具体条款中的思政元素，使得课程思政与思政课同向同行的内涵更加丰富，形成课程与思政、《民法典》各编课程之间的思政教学"双重"协同效应。[1]

（三）着力提升法学专业教师的思政素养

习近平总书记强调，"经师易求，人师难得"。立德树人应以师德为先。从精神层面看，要求"广大教师做新时代有理想信念、有道德情操、有扎实学识、有仁爱之心的'四有'好老师"。[2]教师应将马克思主义基本原理、习近平法治思想的精神内核内化于心、外化于行，摒弃"只管教学不管育人"的错误认识，提高对思政育人的重视程度，唤醒教师的思政意识。从理论层面看，由于大部分法学教师长期专注于专业知识的讲授，并不具备思想政治理论的专业背景，相关知识储备较薄弱，而目前思政原理更新速度不断加快，这就需要教师及时准确领悟，并将中国特色社会主义法治理

---

[1] 参见贾少涵：《混合式模式下民法学课程思政教学改革研究与实践》，载《保定学院学报》2023 年第 5 期。

[2] 马怀德：《法学类专业课程思政建设探索与实践》，载《中国高等教育》2022 年第 6 期。

论与法治实践的最新经验和生动案例及时引入课堂，系统地将思政元素映射到理论教学中。从能力层面看，教师应不断创新专业知识点与思政元素融合的教学方法，让家国情怀、社会责任感、法治精神深植学生头脑与内心。

要实现以上目标，教师应积极主动参加课程思政培训，提升思政素养和创新精神。法学学生普遍思想开放、思维活跃，获取学习资源能力也较强，对此，应创设不同的教学情境，在观摩学习、躬身践行的过程中进行教学反思，[1]不断重构教学内容。同时，建立思政教师与法学教师定期沟通交流机制，如采取教学沙龙、公开课、互听评课等形式，形成法学教师与思政教师协同共进的新格局，有效衔接思政课与专业课的教学内容，[2]并借此构建和优化民法典教学课程思政团队，为课程思政建设提供一流的主力军。

（四）多途径优化专业与思政的有机融合

在经济全球化背景下，世界各种文化思想交流交融交锋，青年大学生的思想受到了空前的冲击，[3]而大学是其价值观、法治观形成的关键时期，课程思政的必要性及挑战性显而易见，这就需要教师加强与学生的沟通，了解学生的思想动态，有针对性地创新课程思政的教学方法，充分发挥学生的主体作用，实现从"要我学"到"我要学"的转变。

第一，以案例分析法增强课程思政的灵活性。在信息快速传播和爆炸的互联网时代，我们每天都会接收到海量新闻，教师可在授课中将其灵活、及时地融入课程思政内容。同时，最高人民法院也非常重视在裁判文书释法说理中融入社会主义核心价值观，到目前为止已发布三批人民法院大力弘扬社会主义核心价值观典型民事案例，这些都为民法典教学课程思政提供了丰富的案例库资源。例如，在讲授英烈等的人格利益的特殊保护时，教师可结合"'狼牙山五壮士'名誉权纠纷案""微信群侮辱凉山救火烈士

---

〔1〕 参见张宗兰、梁大伟：《"双一流"视域下高校思政课教师核心素养的价值、内涵与提升路径》，载《教育理论与实践》2021年第3期。

〔2〕 参见宋颖：《一流课程建设背景下"民法总论"课程思政教学改革研究》，载《文教资料》2023年第4期。

〔3〕 参见李为、蒋雨珈：《中国特色世界一流大学建设背景下高校思政工作效能评价研究》，载《重庆大学学报（社会科学版）》2022年第5期。

案""肖某诋毁侮辱袁隆平院士案"等案例，让学生汇总法律规定，并分析英雄烈士的内涵，引导学生掌握保护英雄烈士人格利益的法理基础以及英雄烈士亲属的救济途径，使学生在掌握法律知识的同时，理解法条背后的法律精神，知晓民族的共同记忆与社会主义核心价值观已经成为社会公共利益的一部分。选取贴合生活实际的典型案例，无缝衔接思政元素，既能将抽象的理论知识具体化，更能活跃课堂气氛，充分调动学生主观能动性，达到"润物细无声"的育人效果。

第二，以小组讨论法提升课程思政的互动性。以学生小组为单位，通过专题或案例讨论的形式，引导学生对所讨论主题、案例进行深入思考，自主挖掘民法典中的思政元素，以提升学生参与课堂的积极性，增强其学习的自主性和互动性，更好地发挥学生的主体作用。教师可选择一些学生喜闻乐见的新闻、故事、影视作品等，引导学生在分析讨论实体法与程序法问题的同时，注重发掘法律事件中隐含的思政元素。例如，通过讨论电影《消失的她》中的法律问题，使学生理解《民法典》规定的继承权丧失规则，并认同家庭美德与家庭文明建设的重要意义。教师可于课前布置任务分配角色，要求学生以小组为团队展开讨论并在课堂上现场展示，并以PPT、小视频、表演等方式作讨论小结。学生在课堂上发散思维、畅所欲言，在掌握具体民法知识的同时，理解思政元素在法律体系中的价值，提升其践行社会主义核心价值观的内驱动力。通过小组讨论的方式，教师可引导学生独立思考，鼓励学生勇于表达不同观点，活跃了教学氛围，提高了学生参与度，真正使学生沉浸课堂之中，培养了学生主动发现问题、思考问题和解决问题的能力，同时形成了正确的世界观、人生观和价值观。

第三，以模拟法庭加强课程思政的渗透性。模拟法庭可使学生在模拟真实法庭场景和真实司法案例的情形下广泛参与庭审过程各环节，提升学生的案件分析能力、程序操作能力、证据运用能力、法律文书写作能力、庭审语言表达能力等，培育其法律职业素养和职业创新精神。[1]在民法典

---

〔1〕 参见丁飞：《高等院校模拟法庭实验教程》，中国民主法制出版社 2016 年版，第 11-14 页。

教学中，选择适当的案例运用于模拟法庭中，可以更好地实现在潜移默化中将思政元素融入课堂的效果。例如，教师可以春晚小品《扶不扶》为引，启发学生思考产生"扶不扶""救不救"的法律和道德难题的社会根源，进而以"南京彭宇案"为背景，布置模拟法庭任务，为学生分配法庭角色，要求学生从原告、被告、法官、律师等不同角度准备资料，引导学生思考见义勇为者是否承担侵权责任、是否要赔偿受助人损失、见义勇为者权益如何保障等问题，加深学生对社会主义核心价值观的理解与掌握，于探讨过程中引导学生领悟见义勇为是中华民族的传统美德，《民法典》设立"好人条款"、免除见义勇为者后顾之忧的重要价值，使学生深入认识并践行诚信相待、友善共处、助人为乐、互帮互助的价值观。

第四，以第二课堂扩展课程思政的多元性。习近平总书记强调，重视思政课的实践性，把思政小课堂同社会大课堂结合起来。[1]专业课程也是如此，社会实践活动能够拓展教学时空，让学生走出象牙塔，进入社会这个大课堂。教师可通过布置课后社会调研活动或组织线上观摩法院庭审直播，将第一课堂与第二课堂有机结合，在司法实践中深化对思政元素的认同与情感共鸣，促成思政元素从课堂教学到实践活动的映射和拓展，实现"三全育人"的教学效果。[2]同时，教师可依托学校的法律援助中心或法律实训基地，让学生参与真实案件的办理，在个案中感受公平正义，提高学生分析问题与解决问题的能力，切实感受民法典以人为本的理念，提升学生的职业技能和职业道德意识，树立扶危济困的法治观念，深刻体会人民群众的法治需求与未来法律职业者肩负的责任。

---

〔1〕　参见《习近平谈治国理政》（第三卷），外文出版社 2020 年版，第 331 页。

〔2〕　参见宋颖：《一流课程建设背景下"民法总论"课程思政教学改革研究》，载《文教资料》2023 年第 4 期。

下　篇

教改实践篇

第三章

民法典总则编课程思政教学设计

第一节　教学设计基本思路

通过对《民法典》总则编中具体法律条文及其规范的解读，结合典型司法判例、美德故事、新闻事例、域外立法等素材资料，使学生在学习诚实信用原则、公序良俗原则、紧急救助人责任豁免、侵害英烈等有关人格利益的民法知识的同时，发掘民法典制度背后的诚信、友善、爱国等社会主义核心价值观，理解依法治国与以德治国相结合的重要意义。

表 3-1

序号	对应知识点	课程思政结合点	说　明
1	诚实信用原则	引导学生诚信做人，为构建诚信社会贡献力量。	结合司法判例和美德故事阐释"诚实是金"的道理，引导学生作为未来法律人，不仅要在生活和工作中诚信为人，也要将构建诚信社会作为自己的价值追求。
2	公序良俗原则	引导学生遵守社会道德和社会伦理，维护社会公共利益。	通过新闻故事的介绍和司法判例的分析，使学生认识到公共秩序和善良风俗是法治国家与法治社会建设的重要内容，倡导、培育和维护公序良俗是法律人肩负的重要职责。
3	紧急救助人责任豁免	引导学生弘扬社会正气，形成助人为乐、见义勇为的社会风尚。	通过典型案例的分析和域外法律评述，使学生思考紧急救助人责任豁免规定的重要意义，并引导学生以身作则、坦荡助人，结合自己所学专业，引导全社会拒绝冷漠，形成"人人为我、我为人人"的良好风气。

续表

序号	对应知识点	课程思政结合点	说　明
4	侵害英烈等人格利益的民事责任	引导学生弘扬爱国、法治的社会主义核心价值观，崇敬、捍卫英雄烈士。	结合具有典型意义的司法判例，向学生阐释英雄烈士的人格利益不仅关系到英雄烈士及其近亲属，而且具有社会公益性质，对公共利益和全社会的爱国、正义之风具有重要影响，并引导学生自觉崇敬和捍卫英雄烈士。

第二节　教学设计典型课例

一、诚实信用原则

（一）法条规定

《民法典》第7条：民事主体从事民事活动，应当遵循诚信原则，秉持诚实，恪守承诺。

（二）规范解读

我国民法基本原则中的诚信原则，又称诚实信用原则。诚实信用原则是现代民法越来越重要的基本原则，是《民法典》规定的限制性原则之一。诚实信用原则在现代民法的崛起，得益于高度社会化程度下个人关系处理同时面临社会团结的需要。[1]这一原则被我国学者誉为现代民法上的"帝王原则"。

诚实信用原则被现代民法奉为基本原则之前，在古典民法中已有表现。例如，罗马法《法学阶梯》第1卷第1篇第3条就宣示罗马法的准则是"诚实生活、不犯他人、各得其所"。[2]近代民法由于过于追求私有权神圣和契约自由，忽略了诚实信用的基础价值，只在某些领域保留其适用。如《法

〔1〕　参见龙卫球主编：《中华人民共和国民法典总则编释义》，中国法制出版社2020年版，第16页。
〔2〕　徐国栋：《民法基本原则解释——成文法局限性之克服》，中国政法大学出版社1992年版，第79-80页。

国民法典》第 1134 条、第 1135 条、第 1156 条将诚实信用限定在契约领域有狭窄的适用，作为契约篇章的准则，主要起确保契约债务的作用。《德国民法典》第 157 条规定也涉及诚实信用，但仅适用于合同解释的狭小领域；第 242 条则规定了适用债法上的诚实信用一般条款。《瑞士民法典》首先将诚实信用条款作为民法的一般原则，而不再只是契约法或债法中的条款，其第 2 条规定"任何人都必须诚实、信用地行使权利并履行其义务"。此后，有关国家通过立法或判例将诚实信用确立为民法的一般原则，例如，德国通过判例明确承认诚实信用是民法的最高条款，在其他法条的适用将产生与此原则不相符合的结果时，有限制其他法条的效力，此种功能被称为修正功能。[1]

诚实信用原则，按照《民法典》上述规定的进一步明确化，首先应该是"秉持诚实、恪守诺言"。这是一种有关不辜负自己已经表示什么以及他人为此付出信赖的要求。德国学者拉伦茨认为，诚实信用原则的真正基础应该是作为体现社会伦理因素的社会信赖，社会信赖的首要体现就是遵守"诚实信用"的要求。这种信赖要求的本质在于任何一方都应该谨慎维护对方的利益、满足对方的正当期待、给对方必需的信息——总之，他的行为应该是忠诚的。[2]其次，诚实信用原则适用范围极其广泛，不仅着重于活动的过程，也包括活动之前和之后，以及其他关系方面。也就是说，它不但适用于行为过程和已经发生的债务关系，也适用于开始就合同进行谈判的阶段，而且还适用于任何形式的法律上的特殊联系。从这个意义上讲，合同法上的缔约过失责任、后合同义务均出于此。最后，诚实信用原则作为裁判授权规范，同时应被理解为一项法律适用中的授权规范。所以其具体含义并不一定受限于字面解释，而应该以此为出发点，由裁判者根据社会观念的进展来把握其内涵。[3]这一点已为各国民法实践所表现。诚实信用原则的外延往往是不确定的，司法者可以依据它所包含的授权精神，限制、补充、协调其他规范的适用，因此，它实际成为法官据以追求具体社

---

〔1〕　参见黄立：《民法总则》，中国政法大学出版社 2002 年版，第 505 页。

〔2〕　参见［德］拉伦茨：《德国民法通论》（上册），谢怀栻等译，法律出版社 2003 年版，第 58 页。

〔3〕　参见龙卫球主编：《中华人民共和国民法典总则编释义》，中国法制出版社 2020 年版，第 18 页。

会公正而解释或补充法律的依据。

（三）案例素材

【司法判例】

2010年12月28日，李某与黄某达成协议，李某将其面积近200平方米的农村自建房屋卖给黄某，双方签订了《绝卖房契》一份，约定"此房屋产权纯属甲方祖遗，有继承权和出售权，如有来历不明或亲族后代寻机争执、混闹，均由甲方负全部责任，并需赔偿乙方损失金30万元，此系买卖两愿，各不反悔，恐后无凭，立此为证"。黄某于当日搬入居住使用，并对房屋进行了装修。2021年4月，该房屋因被征拆而价值大增，2021年2月5日李某便以该房屋买卖违反法律规定为由诉至法院，请求法院依法确认黄某于2010年12月28日签订的《绝卖房契》无效，并将房产返还给原告。

法院认为，当事人之间订立有关设立、变更、转让和消灭不动产物权的合同，除法律另有规定或者合同另有约定外，自合同成立时生效；未办理物权登记的，不影响合同效力。原告李某与被告黄某于2010年12月28日签订了《绝卖房契》，从《绝卖房契》内容可以看出，双方对买卖房屋进行了充分协商，并达成一致意见，系双方真实意思表示，该《绝卖房契》是双方自愿协商达成，且双方已经履行完毕，被告入住讼争房屋十余年，对讼争房屋也已经进行部分装修、整改。综上，法院认为，法律禁止权利人买卖或者转让宅基地使用权，但是并不禁止权利人出卖、出租宅基地上的房屋，本案双方当事人签订的《绝卖房契》系双方自愿签订，意思表示真实，应认定合法有效，被告对讼争房屋已长期、稳定地占有、使用，应维护当事人现有生活状态的稳定、和谐。原告主张《绝卖房契》无效的行为违背了民法倡导的诚实信用原则，据此，对原告要求确认《绝卖房契》无效的诉讼请求不予支持，依法予以驳回。最终依照《民法典》第7条、第215条之规定，法院判决驳回原告李某的诉讼请求。[1]

---

〔1〕 参见叶晓彬等主编：《法学专业课程思政教学案例研究》，中国政法大学出版社2023年版，第52-53页。

诚实信用原则要求民事主体在进行民事活动时，以善意的方式行使权利履行义务，在进行民事活动时遵循基本的交易道德。这也就意味着，司法机关在判断民事主体是否遵循了诚实信用原则时，需要参考的一个重要标准即为"善意"。本案中，原告在自愿与被告签订并履行房屋买卖合同十余年后，因征拆房屋价值上涨而以房屋买卖合同违反法律、法规的强制性规定为由主张其无效，可见其实施该行为的目的只是获取更大的利益，而这一行为将会对被告的利益造成损害，这无疑不符合从事民事活动的"善意"标准，因而也就违背了诚实信用原则，自然不应在法律上获得支持。

【美德故事】

从 1942 年到 2008 年，郑宜栋捧着账本挨家挨户上门寻找债主，只为偿还去世父亲在中华人民共和国成立前欠下的一笔本不必偿还的债务，用瘦弱的身躯扛起了"诚信是金"的道德旗帜。早在中华人民共和国成立前，为尽快还清父亲生前因战乱欠下的债务，年少的郑宜栋当起了挑盐的挑夫，每天担着一百多斤盐包风餐露宿、跋山涉水。等到家乡解放时，他已替父亲还清了一千多元（旧币）的现金债务。1996 年，退休的郑宜栋终于攒够了偿还父债的资金。他拿出珍藏了几十年的老账本，用了足足半年的时间进行整理核实，终于算清父亲生前所有债务，并连本带利将钱悉数还给了债主或债主的子孙、亲友们。2008 年，由于中华人民共和国成立前后计量有别，83 岁的郑宜栋返回家乡补还了差额。2009 年清明节，他终于将最后一笔债务还清。郑宜栋坚持 67 年为亡父还债的故事感动了无数人，当选 2009 年度"全国十大法治人物"。在他的颁奖词中写道："'欠债还钱'是他最纯朴的承诺，'诚信为金'是他最坚定的信仰。白发老人郑宜栋，67 年节衣缩食，替父还账，实现了一个公民对公序良俗和法律秩序的自觉支持和一生坚守。"[1]

（四）课程思政

"诚"即真心实意，指人的一种主观心理状态。孟子曰，"诚者，天之

---

〔1〕《2009 年度十大法治人物评选结果揭晓》，载央视网 https://news.cctv.com/china/20091204/104808.shtml，最后访问日期：2024 年 9 月 26 日。

道也，思诚者，人之道也"，将"诚"誉为自然界和社会的最高道德范畴。"诚实"，指言行与内心一致，不虚假，意味着一个人善良的心理与其外在行为的一致性。"信"，意为诚实不欺，是中国儒家道德规范。孔子曰，"人而无信，不知其可也"。"信用"，指以诚信任用人，信任使用，遵守诺言，实践成约。中华民族自古就是礼仪之邦，讲究言行一致，言而有信，以诚待人，鄙视奸佞，故诚信观念可谓源远流长。然而，受儒家思想影响，中国诚信更多是以修身养性、教化民众、厘定秩序为本演绎而来，本质上是一种"礼""德""忠""义"，它不直接导源于商业和契约关系。

法律意义上的诚信原则起源于拉丁文 Fides bona，它是具有约束力的商业道德和行为规范，以信义（Fides）为要素。英文通常为 Good Faith。诚信作为商业关系中一种最基本的道德标准和规范要素，从一开始就不仅是一种主观理念、商业规则，而且是一种法律规范和法律原则。罗马法学家认为，作为一种商业道德的诚信是商业世界的支柱；而作为一种规范要素的诚信，则创造和形成一系列罗马法规则，这些规则既适用于罗马人，也适用于异邦人，因此万民法即以诚信为基础的法。[1]

市场经济是法治经济，也是信用经济。民事活动要顺利进行，要求参与民事活动的主体必须讲诚实、守信用。诚信问题亘古而弥新，伴随社会的发展变化和新型经济模式、新兴业态的发展，对个人信用、企业信用的监管与保护日益重要。《民法典》第7条关于诚实信用原则的规定，将诚信从道德规范上升到法律规范，将传统道德义务固定为法律义务，将内在自律约束转化为外在强制约束。实践中，个人征信系统和企业信用信息公示系统的建立，为市场经济活动提供了法律保障，也为司法判决和案件执行提供了支持。黑名单制度限制了失信人的融资渠道、高消费行为，为加强社会诚信建设、构建诚信营商环境、强化打击市场失信行为提供了积极措施和有效手段。这些都使得诚信原则的运用具有了实际操作性。

---

[1] 参见最高人民法院民法典贯彻实施工作领导小组主编：《中华人民共和国民法典总则编理解与适用》（上），人民法院出版社 2020 年版，第 63-64 页。

二、公序良俗原则

（一）法条规定

《民法典》第 8 条：民事主体从事民事活动，不得违反法律，不得违背公序良俗。

（二）规范解读

公序良俗的概念包含两层意思：一是指公共秩序，包括社会公共秩序和生活秩序；二是指善良风俗，即由全体社会成员所普遍认可并遵循的道德准则。《民法典》规定的公序良俗原则，是一项明确以禁止表述方式表现出来的民法基本原则，是我国民法基本原则中的限制性原则之一，构成对作为民法体制性原则的平等原则和自愿原则等的一种限制。

公序良俗起源于罗马法。按照罗马法学家的观点，所谓公序即国家的安全、人民的根本利益；所谓良俗是指人民的一般道德准则，而到了近代以后，公序良俗才作为民法的一个基本原则得到发展。《法国民法典》第 6 条规定，"任何人均不得以特别约定违反涉及公共秩序和善良风俗的法律"其是把公序良俗作为对契约自由的例外限制。在法国法中，所谓公共秩序，实际上就是一种公共利益；所谓善良风俗，实际是指社会道德。违反公序良俗而无效的合同主要包括违反性道德、赌博、限制人身自由、违背家庭伦理道德等合同。《德国民法典》第 138 条确认了善良风俗的概念，但并没有采纳公共秩序的概念。在德国法中，善良风俗原则是对私法自治的一种限制。《德国民法典》施行后，1901 年德国最高法院判决，关于是否违反善良风俗，由法官"按照正当且公平的一切人的道义感"规则来判断。《日本民法典》采纳了公序良俗原则，并重点运用该原则对法律行为进行调整。〔1〕

《民法典》及相关法律并未明确规定公序良俗的范围，实际上亦不可能

---

〔1〕　参见最高人民法院民法典贯彻实施工作领导小组主编：《中华人民共和国民法典总则编理解与适用》（上），人民法院出版社 2020 年版，第 72-73 页。

穷尽。[1]因此，法院在依据"公序良俗"认定民事法律行为的效力时具有一定的自由裁量权。法院在审判实践中，遇到立法时未能预见到的扰乱社会公共秩序、有违社会公德的行为，而又缺乏相应的禁止性规定时，可以援引公序良俗原则来保护民事主体权利、维护社会公共利益。在此情况下，法官可以直接适用公序良俗原则判定该行为无效。需要注意的是，只有当法律强制性规定不足、法律对于某项行为没有明确规定时，法官才可以借助该公序良俗原则对法律行为的效力进行评价。因此，在性质上，该原则为补充性的强制性条款；当法律对于某个行为有明确的规定时，便无从适用该原则，此外，根据《民法典》第10条的规定，"习惯"可以作为民法的渊源，在法律没有明确规定时，法官可以依照"习惯"进行裁判，但该"习惯"也仅仅限于不违背公序良俗的习惯。

（三）案例素材

【司法判例】

付甲前妻尚某（原告付乙的母亲）于1976年去世，其坟墓位于巩义市孝北村广陵路东。2014年清明节原告回家祭祀时，发现尚某坟墓所在位置被被告王某建起四层住宅楼，且被告在建造住房前后未通知原告。另查明被告建造住房并未办理相关规划审批许可手续，亦未取得集体土地建设用地使用证，被告及相邻居民住宅楼周边的空地上存有其他几处坟墓。

法院认为，坟墓是人们追忆、祭祀已逝亲属的特定场所，对后人存在着重大的精神意义。被告在建房时应当充分注意，采取合理措施，避免对他人坟墓造成损坏，而被告将其住房建造在尚某的坟墓上，有悖社会公德、

---

[1]　我国有学者参考国外判例学说，将违反公序良俗的行为类型化为10种：（1）危害国家公序型，如以从事犯罪或者帮助犯罪行为为内容的合同；（2）危害家庭关系型，如约定断绝亲子关系的协议；（3）违反道德型，如开设妓院的合同、实践中以性行为为对价获得借款的情形；（4）射幸行为型，如赌博、巨奖销售、变相赌博等；（5）违反人权和人格尊严行为型，如过分限制人身自由换取借款的情形；（6）限制经济自由型，如利用互相借款扩大资金实力以分割市场、封锁市场的协议；（7）违反公平竞争型；（8）违反消费者保护型；（9）违反劳动者保护型；（10）暴利行为型。参见梁慧星：《市场经济与公序良俗原则》，载《中国社会科学院研究生院学报》1993年第6期。

有违公序良俗，使作为死者亲属的原告遭受了感情创伤和精神痛苦。结合被告的主观过错、坟墓的损害程度、当地的经济发展水平，判决被告赔偿原告精神损害抚慰金4万元。[1]

在司法实践中，判断一个行为是否违反公序良俗，需要依靠法官的自由裁量，主要是判断特定案件所涉及的道德和利益是否能够达到公共秩序和善良风俗的程度，特别是在某种违反公序良俗的行为尚未被法律明确规定时，只有论证了某种道德和利益构成公共秩序和善良风俗，才能以特定行为违反了前述道德或损害了前述利益为由，对该行为在法律上给予否定性评价。本案中，法院通过阐明坟墓所蕴含的重大精神寄托，论证了其所涉及的道德已经构成了社会全体成员所普遍认可、遵循的道德准则，并在完成前述论证的基础上否定了被告在坟墓上建造房屋的行为，为司法实践中运用公序良俗原则裁判案件提供了指引。

【奇闻轶事】

2019年2月20日，江苏高邮的占某和丈夫丁某来到民政局办理了离婚登记手续。次日，占某就带着丁甲来到民政局办理结婚登记，而丁甲就是占某前夫丁某的父亲。由于占某前一天刚在民政局办理了离婚手续，民政局工作人员对她还有印象，看到她刚离婚就马上带一名老汉来办理结婚登记，就随口问了一下，结果才弄明白两人之间的关系。民政局工作人员表示从来没有遇到过这种情况，不给办理结婚登记，双方发生分歧。占某遂以民政局不作为为由提起诉讼，她认为自己和丁甲的结合完全符合我国婚姻法律的规定，民政局不办理结婚登记是限制了自己的婚姻自由。法院最终支持了民政局的做法。[2]因为两人虽不存在血缘关系，但不符合我国公序良俗，特别是刚离婚的儿媳嫁给公公这样的情况，在老百姓的心中是典型的乱伦，是对伦理道德和善良风俗的践踏。更重要的是，占某和丁某育

〔1〕 参见河南省巩义市人民法院（2014）巩民初字第1658号民事判决书。
〔2〕 参见《婚姻法：儿媳离婚，再嫁前公公?》，载https://www.tingsonglaw.com/article/1930，最后访问日期：2024年9月26日。

有一子，如果占某和丁甲结婚，这个孩子将无法正常面对三个成年人之间的关系——爷爷变成了"继父"、母亲变成了"继奶奶"！不仅家庭成员间的称谓混乱，而且将来在继承关系上也会发生混乱。

（四）课程思政

《民法典》规定的公序良俗原则，对于维护社会伦理和社会秩序，都具有重要意义。公共秩序和善良风俗是法治国家与法治社会建设的重要内容，也是衡量社会主义法治与德治建设水准的重要标志。倡导、培育和维护公序良俗，谴责、制裁、摒除各类缺德行为或丑恶现象，是法律人肩负的重要职责。

然而，公序良俗实际上是一个不确定的概念，随着社会发展而发展，并且具有相当程度的地域性，通常需要司法实践逐渐通过类型化方式确定其内涵。目前，在学理和司法实践上，公共秩序既体现为宪法和法律的公共秩序，也体现为社会共同体规范意义的公共秩序，即人们长期生活中形成的公共生活秩序；善良风俗则主要指一般意义的社会道德、健康风俗，有时也包括较高层次的社会公德。关于我们所追求的社会主义道德风俗，是否应当进入民法上的公序良俗范畴加以考量，学术界一直存在一些争议。过去的主流观点认为，社会主义道德风俗作为一类倡导标准不宜作为普通民事活动的硬性要求，否则会存在对于现实民事活动要求太高的情况，不利于普通民事生活的开展；另一种观点则认为，我们的民事生活应该具有社会主义道德高度。[1]目前，《民法典》在第 1 条中明确将"弘扬社会主义核心价值观"作为总体立法宗旨加以规定，显然是采纳了第二种观点。

在依据公序良俗原则认定当事人行为的效力方面，我国民法理论界一直将违反公序良俗的法律行为理解为绝对无效，认为该法律行为自成立之时起，当然、确定、全部无效，且任何人都可以主张其无效。但是，如果不加区别地赋予任何人主张无效的权利，有可能不利于受保护当事人的利

---

〔1〕 参见龙卫球主编：《中华人民共和国民法典总则编释义》，中国法制出版社 2020 年版，第 21 页。

益。因此，法院在依据公序良俗原则认定当事人行为无效时需要慎重处理，应结合具体案情判定是绝对无效还是相对无效。同时，在无效的范围上，也不必一律判定为全部无效，例如，当事人之间订立的合同中的部分条款因违反公序良俗原则而导致无效，但其他条款仍然可以继续有效。这样的好处是赋予当事人和法院更多的协商和裁量空间，可以更好地协调当事人之间的利害关系，达到保护经济上弱者的目的。这也符合公序良俗原则的本来意义，即对私法自治进行必要限制，弘扬社会公共道德，建立稳定的社会秩序，协调个人利益与社会公共利益和弥补强行法的不足。

三、紧急救助人责任豁免

（一）法条规定

《民法典》第 184 条：因自愿实施紧急救助行为造成受助人损害的，救助人不承担民事责任。

（二）规范解读

本条是关于紧急救助人责任豁免的规定。该条规定是对诸如"南京彭宇案"等一系列社会现象的回应，反映出我国民事立法的社会化趋势。其立法目的是，通过免除紧急救助人的责任，为救助人免除后顾之忧，从而鼓励此种救助行为，弘扬互助的精神。因此，本条也被称为"好人法"。

自愿实施紧急救助行为作为免责事由，需要满足以下条件：第一，救助情形的紧急性。按照一般的理解，紧急救助行为是指对处于紧急困境之中的人予以帮助，且需要救助的对象所面临的情况是如果不能第一时间予以施救，将会造成难以弥补的损失。该救助行为通常针对受助人可能遭受的人身损害，但也不限于此，挽回紧急情况下的财产损失的施救行为也包括在内。对于是否属于紧急状态的认定，应由法官按照一般大众的观念在个案中衡量，或可以借鉴紧急状态的无因管理制度，将其理解为"避免受助人的急迫危险"。[1]第二，救助行为的自愿性。这里的自愿性体现的是其主观上的能动性，行为样态上表现为其主动施救，至于其是否接受他人建

---

〔1〕〔德〕梅迪库斯：《德国债法分论》，杜景林、卢谌译，法律出版社 2007 年版，第 507 页。

议或者指示在所不问，但这要以其对救助者没有法定或者约定的救助义务为前提。由于在紧急状态下，对救助人与受助人的要求不宜过分苛刻，因此因情况紧急受助人默示同意或无法征得受助人同意的情形应当纳入本条规定的情形。但如果救助人和受助人达成了合意或受助人事后予以追认，双方之间可能成立有偿委托或无偿委托，适用《民法典》中委托合同的相关规则。在情势允许、受助人明示同意或追认接受救助行为的情况下，若因救助人故意或重大过失导致受助人受有损失的，应尽量扩张委托合同规则的适用范围以限缩本条的适用，适用《民法典》第929条的规定："有偿的委托合同，因受托人的过错造成委托人损失的，委托人可以请求赔偿损失。无偿的委托合同，因受托人的故意或者重大过失造成委托人损失的，委托人可以请求赔偿损失。受托人超越权限造成委托人损失的，应当赔偿损失。"[1]第三，针对该救助行为对受助人而非其他人造成的损害免责。若存在其他人的损害，则要看是否符合紧急避险、无因管理或者侵权责任构成要件等情形予以分别处理。在救助过程中，如果救助人实施了故意侵权行为，如借救助之机盗窃受助人财物，则该故意侵权行为不属于"救助"行为的范畴，构成侵权行为的，救助人应按照《民法典》侵权责任编的有关规定承担民事责任。

（三）案例素材

【司法判例】

2017年9月7日，辽宁沈阳的一位72岁老人齐某在药店买药时突然昏厥倒地，店主孙某立即对齐某实施心肺复苏，并拨打了"120"。5分钟后齐某苏醒了过来，孙某也当即联系了齐某的儿子。大约10分钟后，救护车赶到将齐某送往医院。后经医院检查，齐某双侧12根肋骨骨折、低血钾症、右肺挫伤，共住院18天。同年10月，齐某就此前接受急救被压断肋骨等事宜将孙某告上法庭，要求其承担医疗费、护理费、交通费、住院伙食补助

---

[1] 参见龙卫球主编：《中华人民共和国民法典总则编释义》，中国法制出版社2020年版，第471页。

费等总计 10 万余元。2019 年 12 月 30 日法院作出一审判决，认定孙某系自愿实施紧急救助行为，在给齐某实施心肺复苏的过程中不违反诊疗规范，不应承担抢救过错，故而驳回原告齐某的诉讼请求。原告不服，提起上诉，二审法院裁定驳回上诉、维持原判。[1]

关于本案，有两个争议点：第一，作为药店老板的孙某对齐某是否负有法定的救助义务。虽然原《中华人民共和国执业医师法》规定，执业医师应当对急病患进行诊治，但也并非苛责医生每时每刻都应当履行此义务，同时我国法律规定执业医师必须在固定的医疗机构执业，不得跨机构执业。也就是说，执业医师如果在执业机构以外的处所则不得以执业医师的身份进行执业，尤其是在非工作期间的执业机构以外的处所，不得通过其执业医师的身份进行营利，而根据权利和义务的相对性原理，法律否定了执业医师在执业机构以外的执医权利，也就自然应当免除执业机构以外的执医义务。在本案中，孙某在案发时正在帮助其父亲替班经营药店生意，证实该药店并非孙某的执业机构，此时也不在孙某的工作时间内，所以孙某的行为不应当再以执业医师的法定义务进行约束和要求，而应当视为自愿实施紧急救助的行为。第二，孙某在实施心肺复苏过程中是否存在操作不当，是否应对齐某的损害承担赔偿责任。对此，医学专家表示，在进行心肺复苏的过程中，胸外按压造成肋骨骨折的情况并不罕见。心肺复苏有几大并发症，其中第一项并发症就是肋骨骨折。临床做心肺复苏是有要求的，按压深度至少要达到 5 厘米，按压频率必须达到 100 次之上，这样才能达到非常好的心肺复苏效果。所以对于岁数偏大、骨质疏松的患者，很容易出现肋骨骨折。相比肋骨骨折，抢救生命肯定要放在第一位。[2]医疗行为本身就存在各种变量与风险，在抢救患者的生命时，各种附加的伤害

---

〔1〕 参见《药店老板做心肺复苏压断老人 12 根肋骨遭索赔 两审法院均判不担责》，载 https://baijiahao.baidu.com/s？id=1715589837327403240&wfr=spider&for=pc，最后访问日期：2024 年 9 月 26 日。

〔2〕 参见《药店老板做心肺复苏压断老人 12 根肋骨遭索赔 两审法院均判不担责》，载 https://baijiahao.baidu.com/s？id=1715589837327403240&wfr=spider&for=pc，最后访问日期：2024 年 9 月 26 日。

有时会难以避免。但是，只要救助行为的目的是善意的，方法总体正确得当，施救者的行为就应当得到肯定与支持，而不应为不可知的风险承担责任。

【域外案例】

2004 年，在美国加州，一位名叫亚历山德拉的年轻女子发生车祸，被卡在车里动弹不得。另外一位名叫丽莎的女子将其救出，但由于丽莎没有专业的施救技能，亚历山德拉车祸后瘫痪。2008 年，亚历山德拉把将她从车里拖出来的丽莎告上法庭，称丽莎救助疏忽导致她瘫痪，所以丽莎要为她的瘫痪负责。2009 年，加州议会以 75：0 票通过"好心人免责条款"，宣布类似丽莎这样的案例，行为人在对他人实施紧急救助过程中因疏忽而导致被救助人受到伤害的情况下，得以免责。[1]

"好心人免责条款"被称为《好撒玛利亚人法》。它源于一则寓言：一个犹太人被强盗打劫，受了重伤，躺在路边。有祭司路过但不闻不问。唯有一个撒玛利亚人不顾教派出手施救。[2]通过这个寓言说明，鉴别人的标准是人心而不是人的身份。

（四）课程思政

2011 年 10 月 13 日广东佛山发生的"小悦悦事件"，震惊了整个中国社会。两岁女童小悦悦在过马路时不慎被一辆面包车撞倒并遭到两度碾压，随后肇事车辆逃逸。而后开来的另一辆车直接从已经被碾压过的女童身上再次开了过去。整个事件被拍了下来，视频显示 7 分钟内共有 18 个路人从女童身边经过，都对此冷眼漠视，最后只有一名拾荒阿姨陈贤妹上前施以援手。几天以后，小悦悦经医院全力抢救无效离世。[3]

此后，在社会各界的共同努力之下，2013 年 8 月 1 日深圳施行中国首

---

〔1〕 参见徐启生：《"好人法"保护"好人"》，载《光明日报》2011 年 10 月 31 日，第 8 版。

〔2〕 参见《每日电讯："见死必救"的〈好撒玛利亚人法〉》，载 http://opinion. people. com. cn/n/2013/07 05/c1003-22095184. html，最后访问日期：2024 年 9 月 26 日。

〔3〕 参见《人民日报时评：女童遭碾，我们都可能是"路人"》，载 https://www. gov. cn/govweb/jrzg/2011-10/18/content_1971833. htm，最后访问日期：2024 年 9 月 26 日。

部"好人法"——《深圳经济特区救助人权益保护规定》。[1]2017年3月15日,《中华人民共和国民法总则》于第十二届全国人民代表大会第五次会议通过,其中第184条规定:"因自愿实施紧急救助行为造成受助人损害的,救助人不承担民事责任。"这一规则也被称为中国"好人法",有利于倡导见义勇为的社会风尚。然而,值得注意的是,这一条文在立法过程中却几易其稿,早期的审议稿将紧急救助行为规定为减责事由,而非绝对免责事由。《中华人民共和国民法总则(草案三审稿)》曾将紧急救助人的责任限定为"仅对其重大过失负责";《中华人民共和国民法总则(草案大会审议稿)》则进一步限定为"救助人因重大过失造成受助人不应有的重大损害的,承担适当的民事责任"。为鼓励见义勇为,最终通过的《中华人民共和国民法总则》中没有就救助人的责任作任何规定,即救助人因自愿实施紧急救助的行为将获绝对免责,即使实施救助行为因重大过失致使受助人遭受损失的也无须承担责任。[2]《民法典》总则编保留了这一规定。

自"南京彭宇案"发生后,"扶不扶""救不救"的话题就引起了一阵舆论风暴。一句"不是你撞的为什么要扶",问出了见死不救的冷漠,否认了人与人之间应有的温情。2014年央视春晚小品《扶不扶》中的一句台词值得深思:"人倒了还可以扶起,人心倒了可就扶不起了"。可是,作为一个普通人,如果我们做了好人好事却反而被诬陷、被讹诈,没有人为我们"撑腰"的话,又会有几人敢冒着风险去扶起社会的良心!北大副校长吴志攀曾说过这样一句话:"你是北大人,看到老人摔倒了你就去扶。他要是讹你,北大法律系给你提供法律援助;要是败诉了,北大替你赔偿!"此语一出,人们纷纷为北大点赞,称"不愧是北大人,有担当"。但是,只有北大人有担当是远远不够的,我们需要的是全社会有担当、敢作为、勇于做好人好事。《民法典》通过"紧急救助人责任豁免"条款,表明我国法律要旗帜鲜明

---

〔1〕 参见《"好人法"惩戒诬告者:道德治理要用命令方式发挥"抑恶"的社会作用》,载 http://www.wenming.cn/wmpl_pd/ztch/201307/t20130710_1339605.shtml,最后访问日期:2024年9月26日。

〔2〕 参见龙卫球主编:《中华人民共和国民法典总则编释义》,中国法制出版社2020年版,第470-471页。

地替好人"撑腰",为匡正社会风气树起"道德靠山"。

国无德不兴,人无德不立。一次次"英雄流血又流泪"事件的发生不断撼摇着社会的道德根基。若善意救助人动辄得咎,良好的社会风气必将消弭。因此,好人如何能够理直气壮地助人就成为现代社会中不能忽视的问题。《民法典》中的"紧急救助人责任豁免"条款为好人"撑腰"固然值得称赞,但是,弘扬社会正气、培塑向上向善的社会风气,还需激发广大人民群众内心的道德自觉。作为未来法律人,我们不仅应以身作则、坦荡助人,还应结合自己的专业所学,宣传、引导、影响全社会形成敢于助人、乐于助人、善于助人的风尚。

四、侵害英烈等人格利益的民事责任

(一) 法条规定

《民法典》第185条:侵害英雄烈士等的姓名、肖像、名誉、荣誉,损害社会公共利益的,应当承担民事责任。

(二) 规范解读

本条属于《民法典》总则编新增条款,是在最后立法审议时由人大代表提议加入的,是对实践中毁损狼牙山五壮士名誉等社会事件的回应。本条明确了侵害英雄烈士等人格利益的特殊民事责任,旨在进一步强化对英雄烈士等人格利益的特殊保护。

本条规定适用的前提包括:第一,侵害英雄烈士等的姓名、肖像、名誉、荣誉。本条采取了具体列举的方式,明确了要保护的权利,即姓名、肖像、名誉和荣誉。但本条要保护的主体范围具有一定的开放性,即英雄、烈士和其他类似主体。因此,本条中"等"字的解释,需要根据实践的发展进行。第二,损害社会公共利益。这一点非常关键,也是最为实质的要件。就英雄、烈士而言,因为其特殊的身份,侵害其人格利益往往可能导致社会公共利益受损;而就普通的自然人死后其人格利益的保护而言,通常不会涉及损害社会公共利益,而是往往只损害善良风俗。只要满足了以上两项要件,侵权人就应当承担相应的民事责任。此处所说的民事责任,应当是指侵权责任，包括精神损害赔偿。至于主张民事责任的主体，英雄、烈士等的近亲属应当可以主张；如果已经没有了近亲属或者近亲属不主张的，也可以由检察院等机关或组织提起公益诉讼。

本条彰显《民法典》的高度社会化色彩，特别是在民事责任问题上，甚至可以不完全与保护民事权益相关，必要时直接以社会公共利益为基础，违反社会公共利益本身也可以导致民事责任。换言之，侵害英雄烈士等死者人格利益是外在方面，最重要的是对英雄烈士等人格利益的侵害很可能"损害社会公共利益"。[1]由于公共利益界定的抽象性，侵害英雄烈士的人格利益与侵害社会公共利益密切相连，可以说侵害英雄烈士的人格利益本身就可以构成侵害社会公共利益。同时，本条规定所指向的民事责任也是一种特殊的民事责任，其与其他一般民事责任相比，具有浓厚社会责任的色彩，是以民法上侵权责任之名来实现我国强化社会公共利益保护之实际需要。

（三）案例素材

【司法判例】

2013年9月19日，洪某在财经网发表《小学课本"狼牙山五壮士"多有不实之处》一文，很快被各媒体转载，影响迅速扩大。同年11月8日，洪某又发表《"狼牙山五壮士"的细节分歧》（以下简称《细节》）一文，对这个英雄群体进行"挖墙脚式"的质疑。2013年11月23日，网民"鲍狄克"截取《细节》中的一个"细节"发布微博："炎黄春秋：狼牙山五壮士曾拔过群众的萝卜"，并附《细节》一文链接。2015年8月17日，"狼牙山五壮士"两名幸存者葛振林、宋学义的后人葛某和宋某分别向北京市西城区人民法院提起诉讼，要求被告洪某立即停止侵权行为并公开道歉。法院支持了原告的诉讼请求，判决被告洪某立即停止侵害葛振林、宋学义名誉、荣誉的行为；判决生效后三日内，被告洪某在媒体上刊登公告，向

---

[1] 参见龙卫球主编：《中华人民共和国民法典总则编释义》，中国法制出版社2020年版，第472页。

原告葛某、宋某赔礼道歉，消除影响。[1]

本案中，被告洪某的行为侵害了英雄烈士的名誉权、荣誉权。其一，洪某不仅侵害了葛振林、宋学义的个人名誉，而且侵害了相应的公共利益。"狼牙山五壮士"的英雄事迹，体现了中华儿女不畏强敌、不惧牺牲的伟大精神，坚定了无数中华儿女奋勇抗敌的决心；他们的精神是中华民族共同记忆的一部分，是中华民族精神的内核之一，是社会主义核心价值观的重要内容，而民族的共同记忆、民族精神以及社会主义核心价值观，应当被视为社会公共利益。其二，洪某发表的两篇文章以考证"在何处跳崖""跳崖是怎么跳的""敌我双方战斗伤亡"以及"'五壮士'是否拔了群众的萝卜"等细节为主要线索，通过援引不同时期的材料、相关当事者不同时期的言论甚至迫害宋学义的言论为主要证据，全然不顾基本历史事实。在无充分证据的情况下，文章多处作出似是而非的推测、质疑乃至评价。文章虽然未使用侮辱性的语言，但被告采取的行为方式却是通过强调与主要事实无关或者关联不大的细节，引导读者对"狼牙山五壮士"这一英雄人物群体及其事迹产生怀疑，从而否定主要史实的真实性，进而降低他们的英勇形象和精神价值。因此，洪某的行为是一种侵害他人名誉、荣誉的加害行为。案件所涉文章经由互联网传播，产生了较大的影响，伤害了原告的个人感情，在一定范围和程度上伤害了社会公众的民族和历史情感，同时也损害了社会公共利益。

被告作为生活在中国的一位公民，对"狼牙山五壮士"的历史事件所蕴含的精神价值，应当具有一般公民所拥有的认知；对"狼牙山五壮士"及其所体现的民族精神和民族感情，应当具有通常成年人所具有的体悟。尤其是作为具有一定研究能力和能够熟练使用互联网工具的人，更应当认识到其文章的发表及传播将会损害到"狼牙山五壮士"的名誉及荣誉，会对其近亲属造成感情和精神上的伤害，同时也会损害到社会公共利益。在此情形下，被告有能力控制文章所可能产生的损害后果而未控制，仍以既

---

〔1〕 参见《"狼牙山五壮士"后人起诉洪振快侵害名誉案宣判》，载 https://www.chinacourt. org/article/detail/2016/06/id/1999116. shtml，最后访问日期：2024 年 9 月 26 日。

有的状态发表，在主观上显然具有过错。

2016 年 3 月，"狼牙山五壮士"中葛振林之子葛某生、宋学义之子宋某保致信即将召开第四次会议的全国人大，呼吁尽快制定"国家英烈名誉保护法"，并建议在现行相关法律中增设相应条款，将为民族解放做出杰出贡献的英雄先烈列为国家法律保护对象，依法有效维护其名誉不受任何组织和个人的玷污、侮辱、诽谤，使属于国家和人民的英雄先烈得到国家法律和国家公共权力的保护，永远成为我们民族精神的旗帜。[1]2018 年 4 月 27 日，第十三届全国人大常委会第二次会议全票表决通过了《中华人民共和国英雄烈士保护法》（以下简称《英雄烈士保护法》）。该法开宗明义地指出，本法的立法宗旨是"为了加强对英雄烈士的保护，维护社会公共利益，传承和弘扬英雄烈士精神、爱国主义精神，培育和践行社会主义核心价值观，激发实现中华民族伟大复兴中国梦的强大精神力量"。《英雄烈士保护法》规定，近代以来，为了争取民族独立和人民解放，实现国家富强和人民幸福，促进世界和平和人类进步而毕生奋斗、英勇献身的英雄烈士，功勋彪炳史册，精神永垂不朽。国家和人民永远尊崇、铭记英雄烈士为国家、人民和民族作出的牺牲和贡献。英雄烈士事迹和精神是中华民族的共同历史记忆和社会主义核心价值观的重要体现。国家保护英雄烈士，对英雄烈士予以褒扬、纪念，加强对英雄烈士事迹和精神的宣传、教育，维护英雄烈士尊严和合法权益。全社会都应当崇尚、学习、捍卫英雄烈士。

【司法判例】

瞿某在其经营的网络店铺中出售两款贴画，分别印有"董存瑞舍身炸碉堡"和"黄继光舍身堵机枪口"形象，并均配有含诋毁、亵渎色彩的文字。杭州市某居民在该店购买了上述印有董存瑞、黄继光宣传形象及配文的贴画后，认为案涉网店经营者侵害了董存瑞、黄继光的名誉并伤害了其爱国情感，遂向杭州市西湖区人民检察院举报。西湖区人民检察院发布公

---

〔1〕 参见《狼牙山五壮士后人致信人大：立法保护英烈名誉》，载 https://news.sina.com.cn/c/nd/2016-03-04/doc-ifxqaffy3609269.shtml，最后访问日期：2024 年 9 月 26 日。

告，通知董存瑞、黄继光近亲属提起民事诉讼。公告期满后，无符合条件的原告起诉，西湖区检察院遂向杭州互联网法院提起民事公益诉讼。

杭州互联网法院认为，英雄烈士是国家的精神坐标，是民族的不朽脊梁。董存瑞、黄继光等英雄烈士用鲜血和生命谱写了惊天动地的壮歌，体现了崇高的革命气节和伟大的爱国精神，是社会主义核心价值观的重要体现，任何人都不得歪曲、丑化、亵渎、否定英雄烈士的事迹和精神。被告瞿某作为中华人民共和国公民，应当崇尚、铭记、学习、捍卫英雄烈士，不得侮辱、诽谤英雄烈士的名誉。其通过网络平台销售亵渎英雄烈士形象贴画的行为，已对英雄烈士名誉造成贬损，且主观上属明知，构成对董存瑞、黄继光的名誉侵权。同时，被告瞿某多年从事网店销售活动，应知图片一经发布即可能被不特定人群查看，商品一经上线便可能扩散到全国各地，但其仍然在网络平台发布、销售上述贴画，造成了恶劣的社会影响，损害了社会公共利益，依法应当承担民事法律责任。该院判决瞿某立即停止侵害英雄烈士董存瑞、黄继光名誉权的行为，即销毁库存、不得再继续销售案涉贴画，并于判决生效之日起 10 日内在国家级媒体公开赔礼道歉、消除影响。[1]

董存瑞、黄继光等英雄烈士的事迹和精神是中华民族共同的历史记忆和宝贵的精神财富。对英烈事迹的亵渎，不仅侵害了英烈本人的名誉权，给英烈亲属造成精神痛苦，也伤害了社会公众的民族和历史感情，损害了社会公共利益。互联网名誉侵权案件具有传播速度快、社会影响大等特点，此案是全国首次通过互联网审理涉英烈保护民事公益诉讼案件，明确侵权结果发生地法院对互联网民事公益诉讼案件具有管辖权，有利于高效、精准打击利用互联网侵害英雄烈士权益的不法行为，为网络空间注入尊崇英雄、热爱英雄、景仰英雄的法治能量。

（四）课程思政

《民法典》中"侵害英烈等人格利益的民事责任"条款，坚决贯彻和弘

---

〔1〕 参见《人民法院大力弘扬社会主义核心价值观十大典型民事案例》，载 https://www. court.gov.cn/zixun/xiangqing/229041.html，最后访问日期：2024 年 9 月 26 日。

扬了社会主义核心价值观，强化了对英雄烈士的人格利益保护，具有鲜明的中国特色和时代特色。习近平总书记指出，"实现我们的目标，需要英雄，需要英雄精神。我们要铭记一切为中华民族和中国人民作出贡献的英雄们，崇尚英雄，捍卫英雄，学习英雄，关爱英雄，戮力同心为实现'两个一百年'奋斗目标、实现中华民族伟大复兴的中国梦而努力奋斗！"[1]英雄烈士的事迹和精神是中华民族共同的历史记忆和宝贵的精神财富，是中国共产党领导中国各族人民近百年来不懈奋斗的伟大历程、可歌可泣的英雄史诗的缩影和代表，是实现中华民族伟大复兴的强大精神动力。英雄烈士抛头颅、洒热血，在革命和建设时期都作出了重要贡献，实践中侮辱、诽谤英雄烈士的情形，不仅伤害其遗属的感情，也会损害社会公共利益。

在全国人大审议《中华人民共和国民法总则（草案）》的过程中，有代表提出，现实生活中，一些人利用歪曲事实、诽谤抹黑的方式恶意诋毁侮辱英烈的姓名、名誉、荣誉等，损害了社会公共利益，社会影响很恶劣，应对此予以规范。宪法和法律委员会经研究认为，英雄和烈士是一个国家和民族精神的体现，是引领社会风尚的标杆，加强对英烈姓名、名誉、荣誉等的法律保护，对于促进社会尊崇英烈，扬善抑恶，弘扬社会主义核心价值观意义重大。[2]据此，在《中华人民共和国民法总则》中增加了本条。《民法典》总则编沿用。

《民法典》中的这一规定强调对英雄烈士等人格利益的特殊保护。英雄烈士的"人格"在社会公益和个人利益方面都显得更加突出，因为他们的特殊身份而成为国家纪念和被社会所熟知的对象。实践证明，具有高尚品格、坚韧意志的英雄烈士、历史人物具有道德引领功能。这种功能是对社会而非个人而言的。因为人类社会的健康发展，需要那些舍生取义、舍己为人、

---

〔1〕《习近平在颁发"中国人民抗日战争胜利70周年"纪念章仪式上的讲话》，载 https://www.gov.cn/xinwen/2015-09/02/content_2924258.htm，最后访问日期：2024年9月26日。

〔2〕参见《第十二届全国人民代表大会法律委员会关于〈中华人民共和国民法总则（草案）〉审议结果的报告》，载 http://www.npc.gov.cn/zgrdw/npc/xinwen/2017-03/15/content_2018917.htm，最后访问日期：2024年9月26日。

自强不息的人的引领，否则人类社会将面临礼崩乐坏的道德危机。[1]在对爱国精神的传承上，英烈的事迹是必要的，如允许随意抹黑，则以此为内核的爱国主义精神势必会遭受破坏。凡是重视文化传承的国家，都有关于英雄权益保护的法律实践。如俄罗斯《卫国烈士纪念法》确认了保卫祖国烈士的范围、明确了纪念卫国烈士的方式，并在最后强调，损毁烈士墓地、纪念碑和其他纪念设施，侮辱英雄声誉的人将受到行政和刑事处罚。[2]各国都通过对英雄权益的保护及英雄形象的宣传，弘扬民族精神，增强国家的凝聚力，为国富民强提供精神动力。中国英雄烈士姓名、名誉、荣誉等闪亮的人格铸成了共和国的辉煌历史，是中华民族屹立于世界和实现伟大复兴的精神动力之源。侮辱、诽谤英雄烈士人格利益的行为，不仅伤害了大众的民族情感，更是对共和国光荣历史的消解。本条规定有利于凝聚民族精神，弘扬社会主义核心价值观，是抵制和回击历史虚无主义的利器。

〔1〕 参见曹相见：《死者"人格"的规范本质与体系保护》，载《法学家》2021年第2期。

〔2〕 参见康天军：《英烈保护司法实务问题探析》，载《法学论坛》2018年第6期。

第四章

民法典物权编课程思政教学设计

第一节　教学设计基本思路

通过对《民法典》物权编中具体法律条文及其规范的解读，结合典型司法判例、立法争议、美德故事等素材资料，使学生在学习物权法定原则、"住改商"的限制规则、相邻关系、居住权等物权法律知识的同时，发掘民法典制度背后的富强、民主、和谐、友善等社会主义核心价值观，树立以人民为中心的物权观，理解我国物权法律制度在中国特色社会主义市场经济建设中的重要作用。

表 4-1

序号	对应知识点	课程思政结合点	说　　明
1	物权法定原则	引导学生理解、弘扬富强、民主的社会主义核心价值观。	通过司法判例和立法争议，使学生认识到物权法律制度"关涉国本，事系民生"的重要意义，确认和保护物权对于中国特色社会主义基本经济制度的稳定与人民群众的幸福至关重要。
2	"住改商"的限制规则	引导学生自觉遵守社会规则、维护公共利益。	通过法律规范解读和典型司法判例的分析，使学生理解民法中的权利不得滥用原则在物权领域的具体体现，认识到公民在行使私权的时候不得影响公共利益、危害他人合法权益。

序号	对应知识点	课程思政结合点	说　明
3	相邻关系	引导学生弘扬友善、和谐的社会主义核心价值观。	通过司法判例和美德故事，使学生认识到崇德修睦、包容互让是构建和谐邻里关系的重要条件，也是调和权利冲突、实现社会和谐的关键因素。
4	居住权	引导学生关爱老人、关怀弱者、关注社会、关心民生。	结合具有典型意义的司法判例，向学生讲解《民法典》这一新型物权的来由，使其明白居住权制度对于实现"人民群众住有所居"目标的现实意义。

第二节　教学设计典型课例

一、物权法定原则

（一）法条规定

《民法典》第116条：物权的种类和内容，由法律规定。

（二）规范解读

该条虽然位于《民法典》总则编中，但其继承于《中华人民共和国物权法》（以下简称《物权法》）第5条，规定了物权法的一项重要原则，即物权法定原则。物权法定原则强调的是物权的种类和内容由法律规定，法律未规定的物权，当事人不得随意创设。这里的法应作狭义理解，是指法律，不包括法规、司法解释和习惯法。《民法典》在总则编中对物权法定原则予以规定，体现了物权法定原则在物权法体系中的基础地位。

物权法定原则应从以下两个方面来理解：第一，物权的种类由法律规定。我国的法定物权种类包括所有权、用益物权和担保物权。所有权是最完整的物权，所有权人对其所有的动产和不动产享有占有、使用、收益和处分的权利；用益物权是对他人所有的不动产或者动产享有占有、使用和收益的权利，包括土地承包经营权、建设用地使用权、宅基地使用权、居住权和地役权。担保物权是债权人所享有的为确保债权实现，在债务人或者第三人所有的物或者权利之上设定的，就债务人不履行到期债务或者发生当事人约定的实现担保物权的情形，优先受偿的他物权，包括抵押权、质权和留置权。第二，物权的内容由法律规定。各类物权的具体内容应当由法律明确规定，当事人不得创设与法定物权内容不符的物权，也不得自行约定物权的内容，不得作出与法律强行性规定不符的约定。物权内容法定体现了物权法作为强制性的制度建构与债权法的区别。

由法律限定物权的类型和内容，是因为物权是一种绝对权，具有对世效力，明确权利的类型和内容，有利于使他人对物权有清楚的认识，确保权利义务关系清晰，减少交易成本，维护交易安全。具体而言，一方面，经济社会发展瞬息万变，物权是经济发展的基础，如果允许当事人任意创设物权种类，对所有权设定种种限制和负担，会影响到物的利用，不利于发挥物的效用。另一方面，物权的权属及其变动需要公示方得以使交易相对人知晓物权的权属状态。如果允许当事人自由创设物权，就增加了物权公示的难度，容易造成交易相对人的损害。[1]因此，物权法定原则便于物权公示，从而产生公信，有利于保护交易安全。

（三）案例素材

【司法判例】

2021年1月5日，于某和广西某公司签订了《住宅物业使用权赠与合同书》，内容为于某通过抽奖抽中涉案房屋20年的使用权，于某不具有该房屋的产权和处置权，不得以任何形式转让该房屋的使用权。2021年1月9日，于某与高某签订《转让协议书》，约定将该房屋以8万元的价格转让给高某。2021年5月16日为涉案房屋实际交房日期，当日广西某公司在原《住宅物业使用权赠与合同书》上盖章，合同书底部手写有同意于某转让涉案房屋使用权给高某的内容。后高某办理了涉案房屋的收房、电网更名等手续，并一直占有涉案房屋。

---

〔1〕　参见魏振瀛主编：《民法》，北京大学出版社2016年版，第220页。

此后，某法院因执行民事判决，查封包括涉案房屋在内的被执行人名下财产。案外人高某提出异议，执行法院以现有证据尚未能确认高某对涉案房屋享有20年使用权为由驳回其异议，高某遂向一审法院提起案外人执行异议之诉。法院认为，根据《民法典》第116条之规定，房屋使用权并非法律规定的用益物权，因此，当事人关于请求法院确认其对涉案房屋在一定期限内享有使用权的主张，有违物权法定原则，法院不予支持。[1]

本案中，高某主张其对涉案房屋所享有的民事权益为用益物权，应负举证责任。我国法律规定中并没有"房屋使用权"这种用益物权或相关内容，因此，高某主张对涉案房屋享有使用权，而该使用权属于用益物权的理由不能成立。我们知道，承租人对租赁物享有使用、收益的权利。一般认为，租赁是所有权人在一定期限内将租赁物使用权转移给承租人的行为，租赁不产生所有权转移的法律效果。在法庭上，高某虽主张其系涉案房屋的实际承租人，却未能提供充分、有效的证据证明执行法院的查封措施妨碍、侵害或者影响到其所称的基于租赁合同而享有的权利（或权益）。因此，高某主张对涉案房屋享有用益物权的理由不能成立，法院对其诉讼请求不予支持。

【立法争议】

当年在《物权法》立法讨论过程中，对物权法定主义曾有肯定说、改革说、否定说等多种观点。[2]一种意见认为，物权法定作为一条原则是对的，但如果法律没有规定的就不具有物权效力，限制太过严苛，应开个口子，以适应实践发展的需要。物权法调整物权主体和广大义务人之间的关系，物权的内容不能像合同那样由双方当事人约定，但现实生活中有些权利是否属于物权尚难确定，随着实践的发展还会产生新的物权。因此，我国有关物权种类的规定有必要为进一步改革留下一定空间。根据这一意见，

---

〔1〕 参见叶晓彬等主编：《法学专业课程思政教学案例研究》，中国政法大学出版社2023年版，第61-62页。

〔2〕 参见高圣平：《物权法定主义及其当代命运》，载《社会科学研究》2008年第3期。

《中华人民共和国物权法（草案六审稿）》曾经表述为，物权的种类和内容，由法律规定；法律未作规定的，符合物权特征的权利，视为物权。之后，在全国人大常委会审议物权法过程中，有常委委员提出，物权法定是本法的一项原则，但依照这一条规定，哪些权利可以视为物权、谁来认定"符合物权性质"存在争议，建议删去例外规定。全国人大宪法和法律委员会经研究认为：《中华人民共和国物权法（草案六审稿）》中的"法律未作规定的，符合物权性质的权利，视为物权"的规定，本意是随着实践的发展为物权的种类留下一定空间，但哪些权利"符合物权的性质"还需要通过立法解释予以明确。考虑到依据《中华人民共和国立法法》的规定，法律解释与法律具有同等效力，而且从一些国家的实际情况看，新出现的物权种类并不多见。因此，最终删除了上述规定。[1]

（四）课程思政

物权法律制度"关涉国本，事系民生"，是确认财产、保护财产和利用财产的基本法。物权是每个国家经济发展的基础，是交换的前提，是人生存发展的物质保障。2007年3月16日，第十届全国人民代表大会第五次会议通过了《物权法》。面对新时代、新要求，《民法典》物权编在《物权法》的基础上，按照党中央提出的完善产权保护制度，健全归属清晰、权责明确、保护严格、流转顺畅的现代产权制度的要求，坚持立足国情，结合现实需要，总结改革开放40多年来相关立法和实践经验，进一步完善了物权法律制度，满足人民群众对更美好生活的需要，充分彰显中国特色社会主义法律制度成果和制度自信。《民法典》物权编将中国特色社会主义基本经济制度转化为与人民群众生活息息相关的物的权属规则和利用规则，体现了中国特色和时代特色。

有恒产者有恒心。正是物权法这种对财产的确认（归属）关系、支配（利用）关系和保护关系的规范作用，人们对自己的财产才能建立起信心，才能具有安全感，才能内在地迸发出创造财产、争取自己财富最大化的动力，而每一位社会成员财富的增长，也就是整个社会财富的增长；每一位

---

〔1〕 参见胡康生主编：《中华人民共和国物权法释义》，法律出版社2007年版，第31页。

社会成员财富的最大化之时，也就是整个社会财富的最大化之时。因此，物权法的首要作用就是确认财富、保护财富和创造财富，它对于准确地界定物权、定分止争、确立物权设立和变动规则、建立物权的秩序都具有十分重要的现实意义。

二、"住改商"的限制规则

(一) 法条规定

《民法典》第 279 条：业主不得违反法律、法规以及管理规约，将住宅改变为经营性用房。业主将住宅改变为经营性用房的，除遵守法律、法规以及管理规约外，应当经有利害关系的业主一致同意。

(二) 规范解读

建筑物区分所有权是随着现代城市的兴起以及建筑的发展而产生的一种较为特殊的不动产所有权形态。业主的建筑物区分所有权包括：业主对建筑物内的住宅、经营性用房等专有部分享有所有权，对专有部分以外的共有部分享有共有和共同管理的权利。业主对专有部分的使用即使没有给其他区分所有权人造成噪音、污水、异味等影响，但只要房屋的用途发生改变，由专供个人、家庭日常生活居住使用改变为用于商业、工业、旅游、办公等经营性活动，即可认定该行为影响了业主的安宁生活，属于将住宅改变为经营性用房，实践中称为"住改商"。《民法典》第 279 条就是关于"住改商"限制条件的规定。具体来看，这一条文表达了两层含义：

一方面，不禁止业主将住宅改为经营性用房。这主要考虑到业主有不同的需求，对于所有权如何支配也属于业主专有所有权的内容，如果绝对禁止任何住宅改为经营性用房，既不利于满足小区业主的需要，也不利于发挥房屋的效用。

另一方面，尽管本条没有对"住改商"进行绝对禁止，但因为可能会给其他业主带来不利影响，同时不便于物业的管理，因此本条还作出了两个限制性规定：第一，"住改商"必须遵守法律、法规和管理规约的规定。"法律、法规"是由针对所有民事主体作出的普遍性规定，而"管理规约"

则是根据业主的意思共同制定的管理规范，如果管理规约规定有"业主不得随意改变住宅的居住用途"字样，则管理规约作为业主应当共同遵守的基本准则，业主就无权将住宅改为经营性住房。第二，业主若想"住改商"，还必须经过有利害关系的业主的一致同意。对于利害关系的判定，因住宅改变为经营性用房的用途不同，影响的范围、程度不同，需要具体情况具体分析。在司法实践中一般分为两类：如果是本栋建筑物内的业主，无须证明其受到影响，只需提供并证明其具有合法的业主身份即可；如果存有异议的业主是该建筑区划内的本栋建筑物之外的、有利害关系的业主，则需要其提供证据证明自己的居住利益或房屋的经济利益因为其他业主的"住改商"行为而受到了损害。[1]对于利害关系人的同意规则，原《物权法》规定"应当经有利害关系的业主同意"，《民法典》增加了"一致"二字，进一步明确了需经利害关系人全体同意，最大程度地保护了利害关系人的利益。

（三）案例素材

【司法判例】

郑某是武汉市武昌区中北路白玫瑰花苑 X 栋 X 单元 A 室的业主。2011年 12 月，郑某与联通武汉分公司未经小区内相关业主的同意，擅自将光纤传输机柜、电源柜、蓄电池等设备安置在 A 室，将 A 室建成通信机房，该机房 24 小时运转，无人值班，存在安全隐患，相关业主及白玫瑰花苑物业管理处曾多次对其进行劝阻，其均未予理会。业主张某诉至法院要求判令郑某、联通武汉分公司拆除位于武汉市武昌区中北路白玫瑰花苑 X 栋 X 单元 A 室的光纤传输设备，恢复房屋住宅用途，并承担本案诉讼费用。法院经过审理判决：郑某、联通武汉分公司于本判决生效后 60 日内拆除位于武汉市武昌区中北路白玫瑰花苑 X 栋 X 单元 A 室房屋的光纤传输设备，恢复房屋住宅用途。[2]

---

〔1〕参见刘智慧：《中华人民共和国民法典物权编释义》，中国法制出版社 2021 年版，第 177页。

〔2〕参见《张一诉郑中伟、中国联合网络通信有限公司武汉市分公司建筑物区分所有权纠纷案》，载《中华人民共和国最高人民法院公报》2014 年第 11 期，第 44-48 页。

依据《物权法》第 77 条（现为《民法典》第 279 条）之规定，业主将住宅改变为经营性用房，其行为的合法性需要同时满足两个条件：第一，遵守法律、法规以及管理规约；第二，应当经有利害关系的业主同意。联通武汉分公司作为讼争房屋的承租人将住宅改变为经营性用房，应承担与业主相同的法定义务，故也应当经过有利害关系的业主同意。

【司法判例】

2023 年 5 月，西安市未央区人民法院审理了 3 起将住宅房屋改为经营使用而引发纠纷的案件。原告张某等 6 人系某小区 6 号楼的业主，3 起案件的被告既有 6 号楼租户，也有业主，但均将承租或者自有的房屋用作经营使用，有的开设婚纱摄影店铺，有的经营公司。原告认为，小区的房屋性质为住宅，被告将房屋性质改为经营使用，没有经过其同意，对小区安全造成一定影响，因此提起诉讼，要求被告搬出涉案房屋，将房屋恢复住宅性质。被告则认为，其装修经营时经过物业同意，且其公司人员较少，并未对其他业主造成影响，而房屋装修花费较多，使用时间较短，现在搬出损失过大，因此要求经营至合同期满。

法院经审理认为，原告张某等 6 人与被告同住一栋楼，属于法律规定的有利害关系的业主，被告未经有利害关系的业主一致同意，将房屋作为商业经营使用，改变了房屋性质，原告要求其搬出并将房屋恢复为住宅用途应当予以支持。被告认为其经过物业同意入住，要求经营至合同期满的抗辩意见与法相悖，不予采纳。最终，判决被告停止在涉案房屋内经营办公活动，搬离涉案房屋，将房屋恢复为住宅用途。[1]

（四）课程思政

近年来，一些城市居民楼的住户深受"住改商"之苦：五花八门的公司、店铺进入居民楼，有的商户把住宅的门改成窗，或者把窗改成门，威胁居民的安全；有的居民楼顾客熙熙攘攘，废弃物随处丢放，噪声污染严

[1] 参见《以案释法 | 擅自将住宅改为经营性用房可以吗?》，载 https://m.thepaper.cn/baijiahao_17546840，最后访问日期：2024 年 9 月 26 日。

重，对市容和社会治安造成负面影响。业主对于自己的房屋，固然享有专有所有权，可以进行收益、处分，但由于专有房屋是建筑材料组成的四周上下封闭的、在构造和使用上具有独立性和经济价值的建筑空间，与共有部分紧密相连，因此，专有部分和共有部分在业主的权利义务关系中经常相互交织，在行使权利时不能损害到其他业主的合法权益。对于业主购买的作为住宅用途的房屋，一般都应当用作生活居住，以生活安宁、社区和谐为第一要义；而一旦转变为经营性用房，就会出现外来人员进入本小区的情形，在一定程度上可能影响社区秩序的稳定和邻里之间的和睦，甚至影响到其他业主的正常生活。

崇德修睦、包容互让是构建和谐邻里关系的重要条件。人们生活的距离越近，越需要包容和体谅。城市化让建筑物区分所有权成为房屋所有权的常见形式。在多户同住一栋楼的情况下，无论是使用专有部分还是管理共有部分，都需要考虑其他业主的利益，按照法律规定的方式和程序进行。《民法典》中关于"住改商"的限制规则，让人们理解个人在行使物权和实现个人利益时，必然要遵循"爱国、敬业、诚信、友善"的社会主义核心价值观的要求，才能实现国家、社会和个人的长远发展，实现人和自然的和谐统一。

三、相邻关系

（一）法条规定

《民法典》第288条：不动产的相邻权利人应当按照有利生产、方便生活、团结互助、公平合理的原则，正确处理相邻关系。

（二）规范解读

相邻关系，是指不动产的相邻各方在行使所有权或其他物权时，因相互间应当给予方便或接受限制而发生的权利义务关系。相邻权不是一种独立的物权，而是以相邻各方的不动产权利存在为前提。相邻权的实质是对不动产所有人、用益物权人以及占有人行使所有权、用益物权或占有的合理延伸和必要限制，故不能以法律行为变动不动产相邻关系，只能根据不动产相邻的事实进行判断和主张。[1]相邻关系涉及面广，种类繁多，都涉及权利主体的切身利益，极易引起纠纷。正确处理相邻关系，能够在界定不动产的权利边界的基础上，解决权利冲突的协调问题，对相邻各方的利益关系进行合理协调妥善处理，解决纠纷，使人民团结，社会安定。

处理不动产相邻关系的基本原则是有利生产、方便生活、团结互助、公平合理。这四项原则是有机的统一体，在具体运用时应相互兼顾，不可偏废，既要服从国家利益和社会公共利益，又要照顾局部利益和个人利益。第一，有利生产原则。当不动产权利人在自己的不动产上进行生产行为时，要顾全大局，把对生产的影响降低到最小限度，又要充分考虑相邻权利人的利益，尽量减少生产给相邻权利人造成的妨碍和损害。第二，方便生活原则。相邻关系的最大特点就是与人民群众的生活密切相关，处理得当，能够改善人类生存环境，提高生活质量。第三，团结互助原则。因为相邻权是相互的，故在相邻权利人要求他人给予自己便利的同时，自己也应当为他人提供便利。也就是说，在相邻关系中，相邻权利人在获得便利时，也应当承担一定的义务。第四，公平合理原则。相邻权人行使权利应保持在合理限度内，避免或者排除不法妨害。要构建和谐的相邻关系，需要遇有纠纷时尽量友好协商解决，学会克制和忍让。有关部门在处理相邻关系纠纷时，也要兼顾各方的利益，从实际出发，适当考虑历史情况和习惯，公平合理地处理纠纷。对受到损失的相邻方，应当按照公平合理的原则给予适当的赔偿。

（三）案例素材

【司法判例】

原告甲与被告乙是同村邻居，两家宅基地相邻。2019年11月，乙认为甲家人都从乙家道场经过，造成乙家道场和房屋出现裂缝，故将自家道场西侧堆砌砖块不准甲家人从自家道场通行，导致甲家人进出需绕行很远。两家因此产生矛盾，经村、镇调解未果。

---

〔1〕 参见王利明：《物权法研究》（第三版），中国人民大学出版社2013年版，第660页。

2020 年 6 月 23 日，甲以恢复原状纠纷为由将乙起诉至法院，请求被告排除通道上的妨碍，维护其与家人的正常通行权。法院认为，本案属于不动产权利人和相邻权利人因通行产生的纠纷，应按照有利生产、方便生活、团结互助、公平合理的原则处理。相邻权利人都应当从方便生活的角度出发，合理限制或延伸自己的相邻权利，同时尽量减少给相邻权利人带来的不便。被告乙为减少对自己生活和房屋的影响，而将原告甲等 8 户村民住房的最短通道堵塞的行为不值得提倡。经被告乙家道场至原告甲等 8 户的通道是现有行程最短的通道，被告乙应当提供必要的便利允许相关相邻权利人通行，其是否承诺允许并非相邻权利人行使相邻通行权的前提条件。因此，法院判决被告乙停止通行妨碍，恢复道路原状。被告乙不服，提起上诉。

二审法院认为，案涉入户道路虽系被告乙所修建，但原告甲等 8 户村民已经通行多年，形成习惯，且该入户道路与另一条入户道路形成通畅闭环。为此，上诉人乙应当排除妨害，保持道路通畅，充分发挥所修道路的便民作用。同时，被上诉人甲等人利用相关道路通行时，应当尽到合理的注意义务，不得对通行道路造成损害。当发生损害时应当自觉进行维修养护，不能只使用不维护。一审法院判决结果并无不当，予以维持。[1]

【美德故事】

"六尺巷"的故事是一段脍炙人口的历史佳话，故事的起因正是一起相邻关系纠纷。清康熙年间，张英担任文华殿大学士兼礼部尚书。他老家桐城的官邸与吴家为邻，两家院落之间有条巷子，供双方出入使用。后来吴家要建新房，想占这条路，张家人不同意。双方争执不下，将官司打到当地县衙。县官考虑到两家人都是名门望族，不敢轻易了断。张家人一气之下写了封加急信送给张英，希望他出面解决。张英看了信后，认为应该谦让邻里，他在给家里的回信中写了四句话："千里家书只为墙，让他三尺又何妨。万里长城今犹在，不见当年秦始皇。"家人阅罢，明白其中含义，主动让出三尺空地。吴家见状，深受感动，也主动让出三尺房基地，"六尺

---

〔1〕 参见湖北省宜昌市中级人民法院（2020）鄂 05 民终 2437 号民事判决书。

巷"由此得名。

在故事中，人们都在称颂张英大学士的高尚品格，"懿德流芳"是给他的最高褒奖。后来人们出于纪念或自省，常将这个古老的故事镌刻在屏风上。心胸开阔、恭谦礼让之人为世人敬仰，邻里谦让、和睦相处、包容忍让、平等待人，作为一种美德流传至今。在建立和谐社会的进程中，这种谦和礼让的传统就更需要发扬光大。"六尺巷"典故已远远超出其本义，成为彰显中华民族和睦谦让美德的见证。1956 年，毛主席在接见苏联驻华大使时曾经讲到这个故事，旨在提醒国与国之间也应该遵守和平友好准则，只有这样才能发展两国的睦邻友好合作关系。[1]

（四）课程思政

常言道，远亲不如近邻。营造安全、舒适、文明、和谐的居住环境是相邻各方共有的义务。邻里关系的好坏不仅关系到个人生活的幸福感指数，更是社会和谐的关键因素。《民法典》规定的处理相邻关系的原则，强调在处理相邻关系纠纷时，要坚持睦邻友善、互利共赢，相互替对方着想，为相邻权利人提供力所能及的帮助和便利，反对损人利己；相邻各方发生纠纷时要保持忍让和克制，尽量通过友好协商解决和化解矛盾。"友善"作为公民基本道德规范，是构建和谐人际关系和社会关系的道德纽带、维护健康良好社会秩序的伦理基础。邻里和睦需要每个人都尊重他人的相邻权，从而使相邻权利人能够合理地使用或限制使用彼此的不动产，为相邻关系人提供方便，由此构建团结互助的邻人共同体。妥善处理相邻关系，能够使人们在自己生活的周围环境中感受到法律所包含的公正、诚信的道义价值，培养对法律信仰的情感，促使财产所有人和使用人正当行使权利。

从相邻关系确立的伦理基础而言，其核心要义在于容忍义务，即权利人或有正当利益的人有义务不提反对或异议。[2]现代民法一般都遵循容忍义务的法定主义，而相邻关系则是其具体体现。相邻关系纠纷处理的实质

---

〔1〕 参见杜益频：《"六尺巷"的启迪》，载《文摘报》2012 年 9 月 15 日，第 7 版。

〔2〕 参见张鹤：《地役权研究：在法定与意定之间》，中国政法大学出版社 2014 年版，第 95 页。

正是"谋共同生活之调和，对于双方所有权之权能加以限制，或禁止一方于其土地为一定行为或令邻人容忍他方为一定之行为"。[1]作为浓厚的公共利益的考量，相邻关系是调和权利冲突、实现社会和谐的重要因素。相邻关系纠纷往往涉及自然人正常生产生活，公平合理地解决有关纠纷可以更好地营造和谐友善的邻里关系与社会生活秩序。因此，除了考虑法律法规的直接规定以及习惯在纠纷解决中的作用外，社会主义核心价值观中所包含的友善、和谐等元素都可以并且应当被援引到个案中进行释法说理，[2]把握相邻关系制度所预设的价值追求，实现资源财产的最大化利用。

四、居住权

(一) 法条规定

《民法典》第 366 条：居住权人有权按照合同约定，对他人的住宅享有占有、使用的用益物权，以满足生活居住的需要。

(二) 规范解读

居住权是指以满足生活居住为目的，对他人的住房及其附属设施所享有的占有、使用的权利。居住权是随着物的利用日趋多样化，回应住宅所有利益与居住利益之分离趋势设计的一种新的用益物权，同时也是一种具有人身属性的人役权。[3]

理解居住权制度，需要注意以下几点：首先，居住权作为用益物权一定是设立在他人房屋之上，房屋所有权人设立居住权是其行使所有权的一种方式和体现，也是发挥房屋经济效用的重要方式。居住权不同于房屋所有权，所有权包含占有、使用、收益、处分等权能，房屋所有人当然享有在自己房屋里居住的权利，但居住权人仅能行使占有、使用两项权能。但需要注意的是，并非所有享有占有、使用他人住宅的权利都属于居住权。在当事人之间存在抚养、扶养、赡养、借用、租赁等法律关系的情形下，

---

〔1〕　史尚宽：《物权法论》，中国政法大学出版社 2000 年版，第 87-88 页。

〔2〕　参见高富平、晏夏：《论相邻不动产损害纠纷的法律适用——以请求权为视角》，载《中国不动产法研究》2018 年第 1 期。

〔3〕　参见王利明：《论民法典物权编中居住权的若干问题》，载《学术月刊》2019 年第 7 期。

权利人也享有占有、使用他人住宅的权利，但此时权利人享有的权利不具有居住权的排他性，[1]当然也就不属于《民法典》规定的居住权。其次，与其他用益物权相比，居住权属于限制性人役权，其以满足生活居住需要为目的，故原则上不具有收益的内容。但《民法典》第366条属于任意性规定，如果双方在合同中约定了居住权具有收益权能，同样具有合法效力。再次，在居住权遭受侵害时，权利人可以行使物权请求权以保护其权利。居住权人不仅能占有他人住宅并以居住为目的使用他人住宅，还能排除他人对住宅的不法妨害，在一些情形下被赋予对抗所有权的效力。[2]最后，行使居住权的主体是特定的自然人，只能由自然人享有居住权，而不能由法人或其他组织享有。需要注意的是，虽然居住权人只能是自然人，但并不意味着居住权的设立人也只能是自然人，《民法典》并未禁止法人或其他组织设立居住权。在审判实践中，要注意将居住权设立人和居住权人的主体范围进行区分。

（三）案例素材

【司法判例】

王某与其母王某一、其父王某二签订《房产赠与合同》，约定将王某二名下诉争房产赠与王某，合同附加义务为王某保障父母在受赠房屋中享有永久居住权，如果以后此房产出售或者拆迁，保证为父母提供不低于上述居住条件的良好住房。此后，王某二去世，王某起诉其母王某一要求确认赠与合同有效并办理受赠房屋过户。庭审中王某一同意王某的诉讼请求，但要求王某保证其永久居住权。

法院认为，王某与其父母签订的《房产赠与合同》是各方当事人的真实意思表示，依法有效，各方当事人均应依约履行，王某一应依约协助王某办理房屋过户手续。《房产赠与合同》中将王某一在涉案房屋中永久居住

---

[1] 参见刘智慧：《中华人民共和国民法典物权编释义》，中国法制出版社2021年版，第369页。
[2] 参见郭锋等编著：《中华人民共和国民法典条文精释与实务指南·物权编》，中国法制出版社2021年版，第457页。

作为附加义务，根据《民法典》关于居住权的相关规定，上述附加义务包括了居住权合同应具备的相应内容，《房产赠与合同》中关于赠与人永久居住的承诺可以通过居住权登记来实现。为了充分保障各方当事人的权利，法院判决诉争房屋归王某所有，王某一在诉争房屋中享有居住权，王某应协助王某一办理居住权登记。[1]

　　本案是涉及房屋居住权的典型案例。房屋赠与在父母子女之间较为常见，但作为赠房一方的父母难免有赠与房屋后无房可住的担忧。即使在赠与合同中约定父母享有"永久居住权""保障赠与人居住"等条款，也难以对子女一方形成有效的约束，因为该约定并不能对抗第三人，一旦子女将房屋再次出售，父母一方的居住权将无法保障。《民法典》创设了居住权制度，自此居住权成为独立的用益物权，居住权无偿设立且无期限限制，经登记公示的居住权具有对抗任何第三人的法律效力。本案中，判决受赠与人办理受赠房屋过户的同时办理居住权登记，有利于解决老年人赡养、家庭生活中涉及的住房养老问题，保障老有所居，切实维护老年人的合法权益。

【司法判例】

　　俞某与丈夫婚后购得一套房屋，房屋登记在丈夫和儿子汪某名下。2014年，俞某丈夫去世后，儿子汪某将该房屋售卖并购买一处新房，房屋登记在儿子汪某一人名下，儿子汪某承诺母亲俞某在该处房屋内有永久居住权。但俞某脾气不好，与儿子平日感情淡薄，儿子也另有他处居住。俞某认为，儿子后面所购房屋的购房款有部分来源于当年房屋的出售款，且儿子汪某曾经承诺其在该房屋有永久居住权，其有权在该房屋内设立居住权。因此，俞某将儿子诉至法院，请求确认其在儿子房屋内享有居住权。法院判决支持了原告俞某的诉讼请求。判决生效后，俞某就其对汪某所有的某小区房屋享有的居住权向法院申请强制执行。

----

[1]　参见《天津高院发布贯彻实施民法典家事审判典型案例》，载 https://tjfy. tjcourt. gov. cn/article/detail/2021/11/id/6349420. shtml，最后访问日期：2024 年 9 月 26 日。

法院受理该起执行案件后，执行法官首先与申请执行人俞某共同前往不动产登记中心，依法要求协助办理居住权登记事宜。办理登记后，执行法官将申请执行人俞某与被执行人汪某约谈至法院。经了解，俞某与其子汪某长期感情不睦，若径行强制执行，可能会导致俞某与汪某关系进一步恶化，不利于双方当事人生活安宁，且存在"案结事未了"的可能性。后执行法官又多次与双方沟通，最终双方协商同意，由汪某全资购买一套一室一厅房屋供俞某居住。至此，俞某的居住权问题得以较为妥善解决。[1]

本案的核心要点在于居住权的执行问题。居住权执行应关注权利人居住权益的实质兑现，仅完成居住权登记不等于居住权案件执行完毕。居住权执行应与《民法典》有效衔接，落实居住权保障权利人稳定生活居住、保障不动产交易安全和交易秩序的立法目的。居住权执行应以善意文明理念为指导，根据双方当事人实际情况，灵活化居住权执行处置路径，最大程度化解当事人矛盾，真正实现"案结事了"、定分止争，维护社会和谐稳定。

（四）课程思政

一段时期以来，我国房屋供应体系主要采用商品房购买和房屋租赁二元结构，并以经济适用房、两限房、廉租房等保障性住房为补充。其中，商品房购买能够保障购房人长期、稳定的居住权益，但由于价格因素，难以满足中低收入社会成员的居住需求；房屋租赁虽然价格低廉，但又存在期限较短、稳定性不足等不确定因素；经济适用房、两限房、廉租房申请条件较为严格，对于户籍收入水平等不符合条件的"夹心层"无能为力。近年来，以分时度假、以房养老等为代表的新型住房市场不断发展，传统的住房供应体系已经越来越难以满足中国特色社会主义新时代的要求。[2]党的十九大报告指出，加快建立多主体供给、多渠道保障、租购并举的住

---

〔1〕 参见《上海市高级人民法院发布上海法院 2021 年度破解"执行难"十大典型案例》，载https://www.pkulaw.com/lar/159d29bc994347d8e80a864337bfe37bbdfb.html?，最后访问日期：2024年9月26日。

〔2〕 参见最高人民法院民法典贯彻实施工作领导小组主编：《中华人民共和国民法典物权编理解与适用》（下），人民法院出版社 2020 年版，第 860-861 页。

房制度。《民法典》物权编将居住权确定为一项法定用益物权，有效兼顾了商品房购买的稳定性和房屋租赁的灵活性，有利于克服传统二元化房屋供应体系的弊端，是一项住房领域供给侧结构性改革的重要成果，体现了以人民为中心的发展思想，对实现"人民群众住有所居"的目标具有现实意义。

《民法典》首次将居住权纳入用益物权的范畴，并以基本法的形式予以确立，打破了我国传统的房屋所有权和租赁二元划分的房屋利用模式，为当事人利用房屋提供了更多可选方式，有助于充分发挥房屋的效用，回应了社会的现实需求，极具现实意义。首先，居住权制度是解决老年人、未成年人等社会弱势群体居住问题的有效途径之一，居住权的设立有利于实现老年人以房养老和在离婚财产分割中为离婚妇女提供基本住房保障。其次，居住权制度可以适当缓解住房紧张，有利于实现千百年来人们追求的"居者有其屋"的理想，也有利于维护社会稳定。再次，居住权制度还赋予权利人最优化地对他人住房进行任何合理用益的权利，实现居住和投资双重功能，满足人们利用财产形式的多样化的需求。最后，居住权作为新增规定入典还具有体系价值，有利于缓和僵硬的物权法定主义。在《民法典》颁布之前，司法实践中就已经大量存在当事人在婚姻、继承案件中设定居住权的案例，然而鉴于物权法定原则对物权种类、内容的严格限定，对于此种权利的性质认定难以有法律的强制力支撑。本次将居住权入典，有助于缓和物权法定原则太过严苛的弊端，与整体开放物权体系的立法理念相吻合，也是《民法典》将符合私法理念的司法裁判规则上升为民法规范的有益尝试。[1]总之，《民法典》确立的居住权制度拓展了房屋的社会保障属性，凸显了房屋价值利用多元化功能，有效解决了以长期居住作为赡养、抚养方式的法律保障问题，为实现"住有所居""老有所居"提供了重要法律支撑。

---

〔1〕　参见刘智慧：《中华人民共和国民法典物权编释义》，中国法制出版社 2021 年版，第 370-371 页。

第五章

民法典合同编课程思政教学设计

第一节　教学设计基本思路

通过《民法典》合同编中具体法律条文及其规范解读，结合典型司法判例、新闻事例及相关法律条文的深入解读，使学生在学习缔约过失责任、旅客按票乘坐规定、无因管理、不当得利等合同或准合同法律知识的同时，引导学生发掘民法典制度背后的诚信、公正、文明、友善等社会主义核心价值观，强化市场经济交往中的规则意识，自觉践行法律人的社会责任。

表 5-1

序号	对应知识点	课程思政结合点	说　明
1	缔约过失责任	引导学生在市场经济交易中以诚信为本、公平交易。	通过司法判例和《民法典》中的中介合同"跳单"责任的深入解读，引导学生树立诚信经商、公平交易的理念，自觉遵守和维护市场经济秩序。
2	旅客按票乘坐规定	引导学生自觉遵守社会公德和社会秩序，文明做人、规范做事。	结合法律规范和典型新闻事例，使学生明白"霸座""买短乘长"的行为不仅有违社会公德，而且违反法律规定，引导学生将规则意识内化于心、外化于行，涵养公共意识。
3	无因管理	引导学生弘扬友善、互助的良好社会风气。	通过典型司法案例的讲解，向学生传递"人之相处，贵乎互助"的正能量，为全社会形成互帮互助、团结友爱的良好氛围贡献当代青年的力量。

序号	对应知识点	课程思政结合点	说　明
4	不当得利	引导学生诚实守信、公平正义。	结合司法判例和"许霆案""梁丽捡金案"两个典型案例，使学生认识到不当得利制度在构建诚信社会、和谐社会、法治社会中的重要意义。

第二节　教学设计典型课例

一、缔约过失责任

（一）法条规定

《民法典》第 500 条：当事人在订立合同过程中有下列情形之一，造成对方损失的，应当承担赔偿责任：（一）假借订立合同，恶意进行磋商；（二）故意隐瞒与订立合同有关的重要事实或者提供虚假情况；（三）有其他违背诚信原则的行为。

（二）规范解读

缔约过失责任，也称为先契约责任或者缔约过失中的损害赔偿责任，是指在合同缔结过程中，当事人因自己的过失致使合同不能成立，对相信该合同成立的相对人，为基于此项信赖而生的损害应负的损害赔偿责任。[1]缔约过失责任以诚信原则为基础。在承诺生效之前这个阶段，尽管合同尚未成立，但基于诚信原则，民事主体之间在协商谈判中应当秉持诚实、恪守承诺。如果当事人在这个阶段实施了违背诚信原则的行为，比如隐瞒了重要事实或者提供了虚假情况，使对方的信赖利益受到损失，缔约过失责任即告成立。

依据《民法典》第 500 条的规定，在具备以下三种情形之一时，行为

---

〔1〕　参见杨立新主编：《〈中华人民共和国民法典〉条文精释与实案全析》（中），中国人民大学出版社 2020 年版，第 61 页。

人应当承担缔约过失责任：第一，假借订立合同，恶意进行磋商。当事人一方根本没有与对方订立合同的目的，却假装与对方谈判、协商，目的是损害对方或者第三方的利益。第二，故意隐瞒与订立合同有关的重要事实或者提供虚假情况。依据民事活动应具有的诚信原则，当事人在缔约过程中，对重要事实负有如实告知义务。如果故意隐瞒重要事实或者提供虚假情况，将可能影响对方正常判断，如果因此造成对方损失的，应当承担赔偿责任。第三，其他违背诚信原则的行为。在市场经济活动中，民事主体之间就交易所进行的协商，是否能成功达成协议均属正常。但是，倘若有人在协商过程中违反了通知、协助、保护等义务，突破了诚信原则的底线，即使合同没有成立，也必须承担相应的法律责任。

合同订立过程中，当事人一方基于对对方的信赖，为合同的成立做些前期准备工作，对方当事人没有缔约意愿却一直协商，该违背诚信原则的行为损害了当事人一方的信赖利益，应当予以赔偿。至于缔约过失责任的赔偿范围，原则上应以受损害的当事人的实际损失为限，具体包括谈判中发生的费用，以及因此失去与第三人订立合同机会的损失。具体的损失额应当根据不同案件的实际情况进行计算，但对于如果合同成立可能产生的期待利益则不予赔偿。

（三）案例素材

【司法判例】

2012 年 10 月，被告武陵源区卫生局就一项政府采购计划进行公开招标，原告天达公司参与此次招投标活动，并成功中标。2012 年 12 月 31 日，被告向原告发出《中标通知书》。2013 年 1 月 16 日，原告与中康公司签订了设备采购合同，并支付定金 50 万元。之后，因被告未与原告签订采购合同，原告因而未能履行与中康公司之间的设备采购合同，其所交定金 50 万元亦没有退回。

原告于 2013 年 1 月 24 日和 3 月 4 日两次向被告发出函告，要求被告依据《中标通知书》列明的签约时间按时签订合同，被告确认收函，但其在收函后并未与原告签订合同。原告遂向法院起诉，请求被告赔偿其遭受的损失。法院认为，被告应承担缔约过失责任，判决赔偿原告经济损失 65 863 元。[1]

本案争议焦点是被告是否应当承担缔约过失责任。在合同订立过程中，虽然双方尚未成立合同法律关系，但在缔约谈判过程中仍会给对方造成合理信赖，如果一方当事人违背诚实信用原则，有可能会损害对方的信赖利益，故而要求其承担缔约过失责任，以充分保护当事人在缔约过程中的信赖利益。本案中，在招标项目没有被依法废标的前提下，被告没有依法按时确定中标人，并将中标结果告知原告，导致原告为准备履行合同遭受损失，应当承担缔约过失责任。

【相关条文】

《民法典》新增了关于中介合同中"跳单"行为的责任。《民法典》第 965 条规定，"委托人在接受中介人的服务后，利用中介人提供的交易机会或者媒介服务，绕开中介直接订立合同的，应当向中介人支付报酬。"这一条文是对实践问题的回应。实践中，特别是在房屋买卖中介合同中，出现大量"跳单"行为，亦称为"跳中介"，是指购房人或卖房人已经与房产中介签署了看房确认书、委托购房或卖房协议，房产中介公司已经按照协议履行了提供独家房源信息并带领看房、促使房屋买卖双方见面洽谈等促进交易的义务，房屋买卖一方或双方为了规避或减少按照协议约定履行向房产中介交付中介费的义务，跳过房产中介而私自签订房屋买卖合同的行为。[2]这种情况导致了大量的纠纷，而由于过去一直缺乏相应法律规定，法院在处理这类纠纷时莫衷一是。频繁出现的"跳单"势必引起中介活动从业者难以把握交易安全，进而影响中介行业发展。因此，有必要通过法律规范这一现象。

---

〔1〕 参见湖南省张家界市中级人民法院（2015）张中民二再终字第 11 号民事判决书。
〔2〕 参见郭锋等编著：《中华人民共和国民法典条文精释与实务指南．合同编》，中国法制出版社 2021 年版，第 1474 页。

由于之前《中华人民共和国合同法》（以下简称《合同法》）未对"跳单"现象作出规定，所以大多由中介人在合同中约定，而因为"跳单"产生纠纷后，法院对该类合同条款的效力认定不一致。有的认为，该类条款属于格式条款，且系中介人为了限制委托人权利、加重委托人责任而设，对委托人不公平，应当认定无效；有的认为，该类条款虽然属于格式条款，但并未造成当事人权利失衡，或者中介人已经采用合理方式尽到了说明和提示义务，故应当认定有效。[1]最高人民法院于 2011 年 12 月 20 日发布的"指导案例 1 号"中肯定了禁止"跳单"条款的效力，但并未对"跳单"条款效力一概而论，而是说要根据具体情况看是否违反了法律禁止性规定、是否排除了委托人主要权利而判断条款效力。[2]《民法典》第 965 条将禁止"跳单"明确为法定义务，同时明确了认定标准。基于此，如果当事人约定的"跳单"认定标准与本条规定不一致或者更为具体、详细的，则仍然由法官根据具体情况判断约定条款的效力；即便法官认为约定条款无效，仍然应当基于本条判断委托人是否违反了法定义务。

对于"跳单"后应当承担何种法律责任，有两种观点。一种观点认为"跳单"方应承担违约责任，另一种观点认为"跳单"方应承担缔约过失责任。由于违约责任和缔约过失责任最核心的区别在于是否存在有效的合同，因此判断"跳单"行为应承担的民事责任类型，也应由此出发。如果委托人和中介人之间已存在有效的中介合同，委托人"跳单"的，中介人可依据合同追究委托人的违约责任；如果委托人和中介人未订有中介合同，则不存在追究违约责任的前提条件，若委托人"跳单"导致中介人所付出劳动之损失，中介人或可追究委托人的缔约过失责任。然而，由于订立中介合同在实践中体现出的灵活性，在认定委托人和中介人之间的法律关系和明确责任类型时，还需结合具体案例进行分析。以二手房交易中介为例，房产中介往往会在带买房意向人首次看房时就与其签订《看房确认书》，约

---

〔1〕 参见郭锋等编著：《中华人民共和国民法典条文精释与实务指南·合同编》，中国法制出版社 2021 年版，第 1476 页。

〔2〕 参见《最高人民法院关于发布第一批指导性案例的通知》，载 https://www.chinacourt.org/article/detail/2011/12/id/470311.shtml，最后访问日期：2024 年 9 月 26 日。

定如果买房意向人最终未通过本中介公司，而是通过其他渠道购得此房，须向本中介公司支付违约金。尽管此协议常常以"看房确认书"等命名，并非直接体现为"中介合同"，但笔者认为此《看房确认书》具有中介合同的效力，买房人签订《看房确认书》后"跳单"的，中介人可依此追究其违约责任。其一，中介合同中中介人的主要义务就是向委托人提供必要的信息、报告订立合同的机会或提供订立合同的媒介服务，在主合同或受委托事项的双方当事人之间积极斡旋、磋商，中介人的这一行为构成了中介合同的主要内容。这与买卖合同中双方当事人在订立合同前协商沟通、讨价还价不同，后者行为最多属于先合同义务，而非构成主合同的主要内容。《看房确认书》中约定的内容和责任属于中介合同的应有之义。其二，中介公司往往在首次看房时就与买房意向人签订《看房确认书》，原因是中介人已经为搜集、确认房源信息和带人看房等付出了一定劳动，而首次看房后买房意向人已经通过中介人的劳动获取了一些有价值的信息，如果在双方没有任何书面协议的情况下，看房人通过更有利于自己的渠道购得此房、中介人"竹篮打水一场空"的可能性很大，因此为了降低风险，中介公司会要求买房意向人在首次看房时就签订"合同"。为了避免因双方首次接触就签订"中介合同"而造成买房意向人的排斥心理，所以中介公司常常以"看房确认书"为名来替代"中介合同"的称谓，但实际上却发挥着同样的法律效果，《看房确认书》具有与中介合同相同的约束力。如今，签订《看房确认书》已经成为房产中介的行业习惯。然而，因委托人"跳单"中介人需要追究委托人多大程度的违约责任，还要依其在后续履行合同过程中所付出的代价大小来确定。

中介合同是信息不对称的产物，中介人利用自身的信息优势为委托人创造缔约机会，进而取得中介报酬请求权。在签订中介合同之前，中介人因信息优势而居于相对优势的地位。签订中介合同之后，委托人如何处置缔约信息不易为外人所知，另加上委托人具有给付义务的附条件性，因此，在合同履行过程中，委托人被推到信息优势者的地位。如此一来，信息不对称像跷跷板一样在中介合同当事人中不停摇摆，这便产生了双边道德风险问题。如果自己的行动不被对方察觉，委托人与中介人均有可能利用自身的信息优势获取不正当利益。以往法院在处理该类纠纷时，往往采用利益平衡的方法，但是，利益平衡本身就是法官在存在法律漏洞时所行使的自由裁量权，尺度难以统一把握。《民法典》关于中介合同中"跳单"责任的规定，从诚实信用和利益平衡原则为出发点重构立法，根据中介合同的特殊性质明确"跳单"行为的责任类型，对于规范行业行为、维护交易秩序、体现公平公正、强化诚信观念、促进社会和谐，都具有极其重要的意义。

（四）课程思政

设立缔约过失责任制度，目的在于保护处于缔约过程中的当事人的合理信赖利益。当事人为缔结契约而接触磋商之际，已由一般普通关系进入特殊的信赖关系，虽非以给付义务为内容，但依诚实信用原则，仍然产生了协助、准备、通知、照顾、保护、忠实等附随义务，其性质及强度，超过一般侵权行为法上的注意义务，而与契约关系较为接近。[1]在合同成立前，因合同关系尚未产生，意欲缔约的当事人不受合同的保护，但自接触磋商开始，双方已建立一定程度的信赖关系。基于该信赖关系，双方当事人都为成立乃至履行合同做了不同程度的准备工作，建立了比普通社会成员之间更为密切的联系，因而任何一方的不诚信行为都可能给对方造成损害。为了使当事人都更加审慎地缔约，法律对他们课加较高的注意要求，要求当事人相互之间承担协助、互相照顾、互通情况、保护对方等义务。

缔约过失责任制度是法律对合理的信赖利益进行保护。缔约过失责任制度的基础在于诚实信用原则，这一原则同时也是法律对信赖利益进行保护的基础。该制度的设立不仅完善了交易规则，而且有助于维护诚实信用原则。[2]由此可知，民法之所以将诚实信用原则作为基本原则是为了填补法律的漏洞和合同的漏洞。若不将"诚信"这一重要价值贯穿于民法，公平正义也将难以实现。

---

〔1〕 参见王泽鉴：《民法学说与判例研究》（第一册），北京大学出版社 2009 年版，第 98 页。

〔2〕 参见叶晓彬等主编：《法学专业课程思政教学案例研究》，中国政法大学出版社 2023 年版，第 76 页。

二、旅客按票乘坐规定

(一) 法条规定

《民法典》第 815 条第 1 款：旅客应当按照有效客票记载的时间、班次和座位号乘坐。旅客无票乘坐、超程乘坐、越级乘坐或者持不符合减价条件的优惠客票乘坐的，应当补交票款，承运人可以按照规定加收票款；旅客不支付票款的，承运人可以拒绝运输。

(二) 规范解读

针对近年来客运合同领域不时出现的旅客"霸座""买短乘长"和不配合承运人采取安全运输措施等严重干扰运输秩序和危害运输安全的问题，为维护正常的运输秩序，《民法典》进一步细化了客运合同当事人的权利义务。客运合同中，客票是表示承运人负有运送其持有人义务的书面凭证，是旅客支付乘运费用的凭据，是旅客和承运人双方当事人之间存在客运合同的证明。旅客必须出示有效客票，按照有效客票记载的时间、班次和座位号乘坐，不能无票乘坐。旅客无票乘坐、持不符合减价条件的优惠客票乘坐，都是逃票行为；旅客超程乘坐、越级乘坐，属于违约行为，应当承担违约责任。旅客承担须持有效客票承运义务的违约责任，主要方式是补交票款，承运人可以按照规定加收票款。旅客不交付票款的，承运人可以拒绝运输。

(三) 案例素材

【新闻事例】

2018 年 8 月 21 日，在从济南站开往北京南站的 G334 次列车上，一名男乘客霸占别人的靠窗座位，不愿坐回自己的座位。当事女乘客叫来列车长后，该男乘客自称"站不起来"。列车长问其是否身体不舒服或者喝了酒，对方回答："没喝酒。"列车长问："没喝酒为什么站不起来？"对方称："不知道。"并表示到站下车也站不起来，需要乘务员帮助找轮椅。他拒绝坐回自己的座位，并称让女乘客要么站着，要么坐他的座位，要么去餐车。

列车长和乘警劝导男乘客无果，女乘客被安排到商务车厢的座位，直到终点。[1]2018 年 8 月 24 日，中国铁路济南局集团公司表示，孙某被处治安罚款 200 元，并在一定期限内被限制购票乘坐火车。2018 年 9 月 3 日，国家公共信用信息中心公布《8 月份新增失信联合惩戒对象公示及公告情况说明》，新增因严重失信行为而限制乘坐火车严重失信人 247 人，其中就包括该"高铁霸座男"。[2]

【新闻事例】

春运期间，火车站客流量较大，有人动起了歪脑筋，企图"买短乘长"蒙混过关。2023 年 2 月 2 日晚，唐某准备从怀化老家回株洲上班。为了减少乘坐火车的票款支出，他只购买了怀化南至溆浦南、长沙南至株洲西的火车票，逃避中间的溆浦南至长沙南区间的车票款。当晚 10 时许，唐某在株洲西站出站闸机口出站，系统显示其乘车区段异常，当即被正在执勤的株洲西站派出所民警发现，带至派出所接受调查询问，查明违法事实。最终，唐某因构成诈骗，被公安机关依法予以行政拘留 5 日，并追缴其逃票款 124.5 元。[3]

（四）课程思政

《民法典》第 815 条相较原《合同法》的规定有较大修改，首先就体现在列举旅客的有效客票乘坐义务的具体内容时，新增按照座位号乘坐，此系对近年来客运合同领域出现的旅客"霸座"行为的司法应对。在引起广泛热议的一系列高铁"霸座"事件中，一些乘客以霸道的态度，将他人的座位当作私人领地，无视他人的权益和公共秩序。"霸座"行为不仅令人气愤，也凸显了社会文明与公共秩序面临的挑战。在一个文明进步的

---

〔1〕 参见《法制日报：高铁"霸座"不妨纳入黑名单》，载 https://opinion.people.com.cn/n1/2018/0823/c1003-30246025.html，最后访问日期：2024 年 9 月 26 日。

〔2〕 参见《8 月份新增失信联合惩戒对象公示及情况说明》，载 https://www.gov.cn/fuwu/2018-09/04/content_5319042.htm，最后访问日期：2024 年 9 月 26 日。

〔3〕 参见《男子坐火车"买短乘长"拘留 5 日，提醒：小便宜贪不得》，载 https://news.qq.com/rain/a/20230207A07Y0Y00? suid=&media-id=，最后访问日期：2024 年 9 月 26 日。

社会中，人们应该具备基本的公民素养和社会责任感。尊重他人的权益，遵守公共规则是社会秩序的基石。"霸座"行为不仅违背了社会道德和公共礼仪，对乘客的旅行体验造成了严重的干扰和不适，同时也触犯了法律。

《民法典》中旅客按票乘坐的规定，同样对"买短乘长"的不文明行为说"不"！如果说不按客票所记载的座位乘车的行为是"霸座"，那么"买短乘长"的行为就是"霸票"。"买短乘长"实际上是一种故意越站乘车的行为，轻者将被列入限制乘坐火车失信人"黑名单"，重者因诈骗将被处以治安处罚，情节严重的还将被追究刑事责任。这种行为处罚严重，但是因为成本低、收益高，有些人在购票乘车时耍起了"小聪明"。然而，无视规则、爱走捷径或许可以提升个人效率，但会让社会的齿轮处处卡壳，而规则之上所维护的秩序才是最大的公共利益。固然，规则不能让每个人都实现个体利益最大化，但却可以保证规则之上的公平公正，维护公共空间正常运转所必需的秩序。将规则意识内化于心、外化于行，进而涵养公共意识，是文明社会的必然要求。

三、无因管理

（一）法条规定

《民法典》第979条第1款：管理人没有法定的或者约定的义务，为避免他人利益受损失而管理他人事务的，可以请求受益人偿还因管理事务而支出的必要费用；管理人因管理事务受到损失的，可以请求受益人给予适当补偿。

（二）规范解读

无因管理，是指没有法定或约定的义务，管理人主观上有为他人管理事务的意思，客观上实施了管理他人事务的行为。无因管理从性质上来说属于事实行为，而非法律行为，不以意思表示为要件，但是其也不是与人的意志无关的纯粹的自然事实，而是要求管理人有为本人管理事务并将管理后果归属于本人的主观意思。因此，准确地说，无因管理是混合的事实行为。无因管理作为债发生的原因虽为事实行为，但所管理的事务可以是事实行为，也可以是法律行为。[1]

《民法典》第979条第1款前半部分规定了无因管理的构成要件，具体包括三个方面：第一，无法定或约定义务。法定义务既包括私法上的义务，也包括公法上的义务。管理人是否有法律上的义务，应根据客观情况判断。如客观上本无义务，管理人误认为有义务而管理，仍成立无因管理；如客观上有义务，管理人误认为无义务而管理，则不成立无因管理。第二，有管理意思。管理意思是指将因为管理行为所产生的利益归属于受益人的意思。从动机上看，管理人须是出于避免他人利益损失而进行管理的主观动机；从结果上看，由管理行为所取得的利益最终归受益人所有，而非由管理人自己享有。如果管理人的管理行为在维护自己利益的同时，也具有维护他人利益的意思，仍可成立无因管理。第三，管理他人事务。首先，这里的"事务"应符合以下条件：须合法，管理他人违法或违反公序良俗的事务不构成无因管理；须不属于本人专属或非经授权不得办理的事务；须适合作为债的目的的事务，纯粹的宗教、道德、习俗和社会公益性质的事务不属于无因管理中的事务；须是私人事务，不包括公共事务。其次，管理行为应表现积极的作为，纯粹的不作为不构成无因管理中的"管理"；只要有管理事务的行为即可，至于管理行为是否成功、是否实际上为他人取得了利益，均不影响无因管理的成立。再次，管理人须是管理"他人"事务，如果管理人将自己事务作为他人事务管理，构成误信管理。最后，管理事务利于他人仅限于避免他人损失，而不包括广义上一切使他人获益的管理行为。

管理人的管理行为符合无因管理构成要件的，在管理人与受益人之间产生权利义务关系。《民法典》第979条第1款后半部分规定了管理人的权利，包括管理人可向受益人主张必要费用偿还请求权和损失补偿请求权。即管理人因管理行为而支出的必要费用，有权请求受益人偿还；管理人因管理行为而受到的损失，有权请求受益人适当补偿。

---

[1] 参见郭锋等编著：《中华人民共和国民法典条文精释与实务指南．合同编》，中国法制出版社2021年版，第1508页。

（三）案例素材

【司法判例】

被告是从事旅游项目开发、旅游景点服务、漂流、民宿等业务的公司。2020 年 7 月 31 日，原告钱某在被告经营的漂流项目路线附近游玩，发现从漂流溪上游下来的多艘漂流艇在漂流溪的弯道处发生堵塞。虽有一名被告的安全员在负责疏通，原告仍然上前帮忙。原告先将自己的手机放在溪流边的一处干燥位置，然后帮助安全员拖拽、疏通漂流艇。在该过程中，堵塞的漂流艇导致该段水位上涨，淹没了原告放置手机的位置，原告的手机进水并出现故障。原告购入该手机的价格为 2500 元。原告将故障手机送往手机店维修，花去维修费 480 元，但未能修好。原告在与被告交涉赔偿未果后向法院提出诉讼，请求被告赔偿原告手机损失 2980 元、被告支付精神损害抚慰金 20 000 元。

法院认为，没有法定义务或者约定义务，为避免他人利益受到损失进行管理的，有权请求受益人偿还由此而支付的必要费用。本案中，原告系自发为被告经营漂流项目中发生搁浅的漂流艇进行疏通，有为被告谋利益的意思，符合无因管理的构成要件，应认定为无因管理。被告作为原告无因管理行为的受益人，应当偿还原告由此支付的必要费用，该费用应包括原告在该活动中受到的实际损失。具体而言，原告手机购入价为 2500 元，手机经维修已无法使用，故手机损失 2500 元及维修费用 480 元应由被告承担；但对原告提出的要求被告支付精神损害抚慰金 20 000 元的诉讼请求，法院不予支持。[1]

本案原告选择以无因管理作为请求权的基础，事实上，其行为也完全符合无因管理的构成要件。首先，无因管理的构成，要求行为人没有约定或者法定的义务。此案原告非被告单位的员工，也非对人民群众具有救助义务的民警，其帮助被告的安全员拖拽、疏通漂流艇完全是自愿行为。其次，无因管理的构成，要求管理人在主观方面具有为他人管理事务的意思。毫无疑问，本案原告具有为被告管理事务的意思。最后，无因管理要求管

---

〔1〕 参见浙江省江山市人民法院（2020）浙 0881 民初 2769 号民事判决书。

理人管理的是他人的事务。本案原告帮助被告的安全员拖拽、疏通漂流艇，此事为客观的他人事务，符合无因管理构成要件中要求的管理人管理的是他人事务的要件。

（四）课程思政

管理他人事务，通常是基于一定的法律关系，如委托或者监护。但是，在日常生活中，没有受委托也不存在法律义务，而管理他人事务，可能发生，如收留走失的儿童、风雨夜为出门远行的邻居修补屋顶、救助车祸受伤的路人等。危难相助，不但是我们提倡的美德，更是人类社会共同生活的要求。民法上设立无因管理制度的根本宗旨，就在于权衡个人事务应由个人自由决定的个体利益和在一定条件下允许干预他人事务所体现的社会共同利益二者之间的关系，以期将这两种利益达到最佳限度的契合。[1]因此，一方面，法律对无因管理规定了一定的构成要件，以防止对他人事务的随意干涉；另一方面，法律又规定对于符合无因管理要件的情形，当事人之间发生债权债务关系，本人要负担补偿费用、清偿债务或者赔偿损失的义务，而不得以管理人的管理行为未经自己同意为抗辩，从而弘扬"人之相处，贵乎互助"的社会公德。所以，无因管理行为不仅为道德所奖励，且为法律所嘉许。

无因管理是社会提倡的行为，没有法定或者约定的义务而去帮助他人，体现了友善互助的社会主义核心价值观。换言之，人与人之间应互相尊重、互相关心、互相帮助，和睦友好，团结友爱，这是社会主义核心价值观的要求与体现。在我国社会人际关系日益淡漠的今天，更应当通过立法来规范无因管理的行为、肯定互帮互助的美德，在全社会形成助人为乐的良好氛围。

四、不当得利

（一）法条规定

《民法典》第 985 条：得利人没有法律根据取得不当利益的，受损失的

---

〔1〕 参见陈洁蕾主编：《法学课程思政教育教学案例．民商法卷》，同济大学出版社 2022 年版，第 137 页。

人可以请求得利人返还取得的利益，但是有下列情形之一的除外：（一）为履行道德义务进行的给付；（二）债务到期之前的清偿；（三）明知无给付义务而进行的债务清偿。

（二）规范解读

不当得利，是指没有法律根据取得不当利益，他人财产因此受到损失的法律事实。没有法律根据而取得利益的一方当事人为得利人（也称受益人），受有损害的一方为受损人。受损人依据不当得利之债所享有的权利，是不当得利返还请求权。法律规定不当得利的目的并不是对人或者行为的非难，而在于消除不当得利由于没有法律上的根据而取得利益，并同时造成他人受到损害的当事人之间利益的不当变动的事实状态，恢复正常的民法秩序。

根据《民法典》第 985 条之规定，不当得利的构成要件主要包括四个方面：第一，一方取得利益。不当得利的前提是得利，即得利人取得利益，该制度的首要功能是使得利人返还没有法律根据取得的利益，即去除利益功能，利益是认定不当得利的首要条件。第二，另一方受到损失。认定不当得利构成要件中的损失应采用具体、个别的标准，只要得利人是没有法律根据获得利益，即可认定对方有损失，而不依受损人的财产总额而定。第三，获益与受损之间存在因果关系。关于不当得利中因果关系的认定有直接因果关系和非直接因果关系两种观点。直接因果关系是指一方得利与他方受损是基于同一原因事实；非直接因果关系不要求得利与受损之间原因事实的同一性，只要二者之间存在牵连关系即可。非直接因果关系扩大了不当得利返还请求权的适用范围，更侧重于保护受损方的利益；而直接因果关系明确了得利人和受损人的范围，符合债的相对性基本原理，司法实践中更具可操作性。[1]第四，一方获益无法律依据。原《中华人民共和国民法通则》的规定为"没有合法根据"，《民法典》修改为"没有法律根据"，是因为"合法根据"强调行为是否具有违法性，而不当得利的前提是

---

[1] 参见最高人民法院民法典贯彻实施工作领导小组主编：《中华人民共和国民法典合同编理解与适用》（四），人民法院出版社 2020 年版，第 2799 页。

没有法律的规定或当事人的约定，故将"合法根据"改为"法律根据"更为恰当。是否有法律根据应依据法律规定和当事人之间的法律行为来判断，"没有法律根据"应解释为无法律规定或缺乏基础的法律关系。

当不当得利返还请求权成立要件获得满足时，相对人可以请求得利人返还所取得的利益，包括原物返还及价额返还，即只要原得利客体存在且能够返还时，得利人就可主张返还原得利客体；在原物及用益返还不能时，需要返还基于原物或用益产生的代位物；若无代位物或代位物返还不能时，得利人产生价额偿还义务。

（三）案例素材

【司法判例】

2019 年 8 月，被告在某购物中心注册办理了会员卡，卡号 101154691。2020 年 5 月的一天，被告至原告处运营的购物广场停车，离场时被告至商场前台进行积分抵扣停车费的操作。购物中心工作人员在会员积分系统中手动操作失误，将被告的会员卡号 101154691 登记为增加 101 154 691 点积分。2020 年 6 月，被告发现积分增加，前后数次使用增加的积分兑换了两部华为手机及其他商品，两部手机售价合计约 13 000 元。原告发现后，马上联系被告，希望被告返还手机，但被告拒绝，双方未能达成一致。

原告遂诉至法院，因被告已使用涉案两部手机达一年有余，故原告主张按照手机价值返还钱款。被告则认为，其当日对增加积分的事实并不知晓，后知晓了积分增加，以为是特殊奖励，遂至原告的"会员积分商城"陆续兑换了两部手机，期间原告并未提出过异议。即便是误操作，也是原告工作失误造成的损失，被告没有过错，不应承担相应的责任。法院审理后认为，被告获得突然增加的积分没有事实和法律的依据，原告因被告的积分兑换行为向案外人支付了相应款项，被告构成不当得利，应当向原告返还两部手机的价款。突然增加的大额积分与会员卡号一致，无法证明是因奖励或其他原因导致，被告使用积分兑换了两部手机，而且原告为此向案外人支付了两部手机会员积分所抵扣的款项，被告获得的手机构成不当得利，应当将价款返还给原告。[1]

本案被告在会员卡积分无故突然大幅增加且获取的积分值恰巧为被告卡号的情况下，有所疑虑应为常态，而不会觉得理所当然。被告在积分突然增加后，使用积分兑换了两部手机及其他物品，后被告也接到了原告的电话，此时被告应明知其获取涉案两部手机无任何事实及法律依据，但在原告要求其归还的情况下，被告仍拒绝归还，明显存在过错。被告使用积分兑换手机，原告为此向案外人支付了相应的价款，原告因此受到损失。在原告已经举证证明因误操作使被告受益且原告因此受损的事实后，受益人即被告应就其抗辩原因负举证义务，否则构成不当得利，负有返还不当得利的责任。本案被告获得亿点积分并非"锦鲤"体质，他的受益使原告遭受了损失，受益人明知其无合法根据而仍然拒绝返还所获利益，该行为不受法律保护。

【司法判例】

洪某与前妻张某育有一子洪甲（1999 年 8 月出生），后洪某与张某离婚，离婚协议中约定洪甲由父亲洪某负责抚养、母亲张某不承担抚养费。2013 年洪某与刘某结婚。洪某再婚后，洪甲自初二起一直与张某共同生活。洪某于 2020 年 7 月意外死亡。后刘某发现洪某在 2016 年至 2017 年 2 月、2017 年 9 月至 2020 年 1 月期间，分别向被告张某转账 8400 元、10 500 元，遂诉至法院，要求张某返还不当得利 18 900 元。

法院认为，2017 年 8 月 4 日前，洪甲随母亲张某生活，但在洪甲成年之前，父亲洪某仍应承担抚养义务。其在此期间转给张某的 8400 元系履行抚养义务，未超出抚养费范畴，不构成不当得利。2017 年 9 月后，洪甲虽年满十八周岁，但一直在校读书，无生活来源。按照一般社会观念，父母基于亲情和道德义务，可以给予成年子女支持和帮助，承担其读书期间的学费及生活费。从洪某 2017 年 9 月至 2020 年向张某的转账时间来看，

---

〔1〕　参见《上海长宁法院发布贯彻实施民法典十大典型案例》，载 https://www.163.com/dy/article/HLM220670514C9DN.html，最后访问日期：2024 年 9 月 26 日。

大部分发生于开学前夕；从转账金额来看，其仅承担洪甲少部分学习、生活费用。依据《民法典》第 985 条第 1 项之规定，该款项的给付属于不当得利的除外情形，系为履行道德义务进行的给付，不构成不当得利。因此，刘某要求张某返还 18 900 元的诉请不符合法律规定，驳回其诉讼请求。[1]

本案中，洪某作为父亲，在儿子洪甲成年后，转钱给前妻张某，用于儿子的学费及生活费。办案法院综合考虑一般的社会观念、当事人之间的特定关系、实际受益人、给付标的物的价值等因素，认为属于"为履行道德义务进行的给付"，不属于不当得利，不得主张返还。该案的审理，对于人民法院践行社会主义核心价值观，依法准确认定"为履行道德义务进行的给付"，妥善处理离异父母与婚生子女之间的财产关系，维护亲情关系，促进社会和谐，具有示范作用。同时也让我们看到，《民法典》对"道德义务"的引入，调和了法律与道德的关系，亦是对公序良俗的确认和遵循，有利于实现情理法的相互融合。

（四）课程思政

《民法典》中的不当得利制度，是"诚信""公正"社会主义核心价值观在法律规范中的具体体现。《赤壁赋》中有言"天地之间，物各有主，苟非吾之所有，虽一毫而莫取"。原本不属于自己的财物，由于非自己主观的原因而意外获取，理应物归原主，类似拾金不昧，这是社会所提倡和褒扬的美好品德。可是，如果不当得利人没有依据道德规范所鼓励的标准去做，也即当道德调整失灵的时候，法律调整应在什么情况下出手呢？实践中，有些人见钱眼开、见利忘义，想方设法将不当利益据为己有。虽然得利人在获得利益时并没有违法行为，但如果弄虚作假、拒不返还，行为性质便发生变化，对于受损人提出的不当得利返还的请求，法院必要时可以强制得利人履行返还义务。

当年轰动一时的"许霆案"，不仅引起了社会上广泛的思考和讨论，甚

---

〔1〕 参见《江西高院发布 2022 年度全省法院贯彻实施民法典十大典型案例》，载 https://jxgy.jxfy.gov.cn/article/detail/2023/02/id/7131118.shtml，最后访问日期：2024 年 9 月 26 日。

至一定程度上影响了中国法治进程。如今，在不当得利制度下重新思考此案，依然具有典型意义。在支持许霆无罪的各种声音中有一种观点，认为许霆的行为构成不当得利。该观点认为，许霆使用自己合法有效的银行借记卡与银行形成的是民事合同关系，其恶意取款行为与银行之间形成的是债权债务关系，因而其行为属于民法上的不当得利。[1]然而，笔者认为，对于许霆行为性质的认定须分阶段来看。在 ATM 机首次出现故障、许霆取出 1000 元而卡上只扣除了 1 元的情况下，其"无法律依据"而意外获得的 999 元利益的行为，确实构成不当得利。但当许霆已经知道这一漏洞，此后又多次利用 ATM 机故障提取大量现金以及携款潜逃的行为，明显具有秘密窃取的客观表现和非法占有的主观故意，已不再是不当得利行为。

俗话说"天上不会掉馅饼"，但"许霆案"和不当得利相关案例告诉我们，由于他人的失误或某些客观原因，他人的"馅饼"偶尔也会掉到我们头上，关键是我们应该如何处理这一本来不应属于我们的"馅饼"。与"许霆案"类似的"梁丽捡金案"也在时刻提醒着我们，普通人的一念之差，可能会使自己从天堂跌入地狱、从拾金不昧的美德榜样沦为可能会被追究刑事责任的有罪之人。拾金不昧，诚实守信，不仅是中华民族的传统美德，也是一个人良好道德风尚和崇高社会责任感的具体体现。遇到"天上掉馅饼"后那一瞬间的高兴之余，应理性思考、换位思考。物各有主，对于不是自己的财务，所得终归属于"不当"，物归原主不仅是法律所维护的公平正义，也是每个公民本应遵循的生活逻辑和社会秩序。

---

[1]　参见文灿:《对许霆案各方观点的评析》，载《合作经济与科技》2009 年第 2 期。

第六章

民法典人格权编课程思政教学设计

第一节　教学设计基本思路

　　通过《民法典》人格权编中具体法律条文及其规范解读，结合司法判例和立法模式的比较分析，使学生在学习禁止性骚扰、肖像权、名誉权、个人信息保护等人格权法律知识的同时，引导学生发掘民法典制度背后的自由、文明、法治、和谐等社会主义核心价值观，感受民法典的人文精神和人文关怀，并加深对我国以人民为中心的法治思想的理解。

表 6-1

序号	对应知识点	课程思政结合点	说　明
1	禁止性骚扰	引导学生弘扬文明、和谐的社会主义核心价值观。	结合司法判例的分析和立法模式的介绍，让学生明白《民法典》中禁止性骚扰规定的重要意义，特别是对于保护人格尊严和自由、构建和谐文明社会的重要作用。
2	肖像权	引导学生理解民法典的时代特点和人文精神。	通过典型案例的研习，使学生认识到《民法典》人格权独立成编的重要意义，以及以肖像权为代表的具体人格权制度对于保护人格尊严的重要价值。
3	名誉权	引导学生弘扬自由、法治、和谐的社会主义核心价值观。	通过典型司法案例，使学生明白自由与法治的关系，理解权利行使的自由需在一定的规则之下进行，同时感受人民法院是如何巧妙地运用社会主义核心价值观来化解社会矛盾的。

续表

序号	对应知识点	课程思政结合点	说　明
4	个人信息保护	引导学生理解我国以人民为中心的法治思想。	通过司法判例，使学生了解我国立法近年在保护公民个人信息方面的巨大进步，并加深对我国以人民为中心的法治思想的理解。

第二节　教学设计典型课例

一、禁止性骚扰

（一）法条规定

《民法典》第 1010 条：违背他人意愿，以言语、文字、图像、肢体行为等方式对他人实施性骚扰的，受害人有权依法请求行为人承担民事责任。

机关、企业、学校等单位应当采取合理的预防、受理投诉、调查处置等措施，防止和制止利用职权、从属关系等实施性骚扰。

（二）规范解读

《民法典》第 1010 条是关于规制性骚扰行为的规定，对性骚扰的构成要件、表现形式及法律责任作出了具体规定。性骚扰作为一个世界性的热点社会问题和法律问题，在未列入《民法典》人格权编予以规范时，因无从界定被侵害的权利性质，司法对侵害人的责任认定与追责上缺乏针对性，致使受害人无法获得有利的法律救助渠道和救济方式。本条对性骚扰的认定标准和民事责任作出规定，填补了我国对性骚扰民事法律上救济途径的空白。同时，使性骚扰问题日益得到社会重视，使人们对于性骚扰的认识更为清晰，提高人们制止性骚扰的意识。

构成性骚扰必须具备以下要件：第一，必须以言语、文字、图像、肢体行为等方式对他人实施了与性有关的骚扰行为，这些行为通常是犯罪行为以外的违法行为。对于性侵犯行为的方式本条文使用了不完全列举的方法，多种多样的性骚扰行为表现方式被"等"所涵盖。第二，性骚扰行为必须指向特定的人。不同于此前《中华人民共和国妇女权益保障法》（以下简称《妇女权益保障法》）中界定的性骚扰受害者为妇女，本条文未对侵害人和受害人的性别加以限制，男女都是本条保护的对象。性骚扰成立与否，在于当事人是否欢迎他人实施的某种与性有关的行为。[1]因此明确指向受害者的行为才可以列入性骚扰的范围。性骚扰行为本身成立与否并无客观标准，每个自然人因民族、种族、文化传统等因素影响会对性以及有关方面问题的认知存在不一致。性对象的指向在今天的社会文化中，应成为性骚扰构成中的一个关键因素。在针对特定的人作出行为时，只要该"不受欢迎的性举动"让对方感到不舒服，便构成性骚扰。[2]第三，必须违背了受害人的意愿。是否违背他人意愿，需要在具体个案中结合当事人之间的关系、当事人的具体行为方式予以具体判断分析。

性骚扰的侵权责任方式是停止侵害、赔礼道歉和赔偿损失。涉及名誉受损的，法院还应当依据名誉权保护的相关条款要求其恢复名誉、赔偿损失。根据《妇女权益保障法》的规定，对妇女实施性骚扰构成违反治安管理行为的，受害人可以提请公安机关对违法行为人依法给予行政处罚；可以依法向人民法院提起民事诉讼；可以依据《中华人民共和国治安管理处罚法》之规定，提请公安机关对性骚扰相关的违法行为作出拘留或罚款。

（三）案例素材

【司法判例】

原告周某与被告徐某系销售合作伙伴关系，2021 年 9 月 10 日两人在外地出差过程中，徐某向周某发送"我们订双床房不"的微信内容，周某当即制止。同年 9 月 15 日，徐某向周某发送"我好想你!"的信息，周某明确告知徐某停止骚扰，并拉黑徐某微信及告知徐某终止合作。但徐某继续发送"我保证从今天开始不喝白酒!""感觉到，你自己本人都不合作，其

---

[1] 参见靳文静：《性骚扰法律概念的比较探析》，载《比较法研究》2008 年第 1 期。

[2] 参见龙卫球主编：《中华人民共和国民法典人格权编与侵权责任编释义》，中国法制出版社 2021 年版，第 68-69 页。

他人找我，也就没有什么意思了！""你还好吧！"等短信。周某认为徐某的言行已经构成性骚扰，诉至法院要求判令徐某书面赔礼道歉并赔偿精神损失抚慰金人民币 5 万元。

法院认为，从社会主义核心价值观特别是"文明、和谐、法治、友善"的内涵层次考虑，依照《民法典》第 1010 条的规定，被告徐某向原告周某发送"我们订双床房不"的内容，属于性暗示。在原告明确表示不满并制止后，被告又连续向原告发送多条信息。虽然这些信息不具有性含义、性暗示内容，但与之前行为在时间上具有连续性，在内容上具有关联性，可以认定属于对之前行为的延续，故被告的行为构成性骚扰，遂判决被告向原告赔礼道歉并支付精神抚慰金人民币 5 千元。[1]

【立法模式】

从世界各国和地区的立法来看，关于性骚扰的法律规制模式主要分为两种模式，即职场保护主义模式和人格权保护模式。职场保护主义模式又称为反歧视模式，采用该模式的国家有美国、英国、加拿大、澳大利亚等，其中以美国为代表。该模式的特点是主张性骚扰是一种性别歧视，认为性骚扰仅限于工作场所性骚扰，对于发生于工作场所以外的性方面的侵害不认为是性骚扰。该种模式通常通过反歧视法或两性平等法对性骚扰进行规制。采用人格权保护模式的有欧盟、德国、以色列等，其中以欧盟为代表。人格权保护模式的特点是认为性骚扰是对人格尊严的侵犯，即一种侵权行为，性骚扰并不限于工作场所。[2]

在 2005 年以前，我国对性骚扰并无明确的法律规范，但有一些与之相关的法律规定。如《中华人民共和国宪法》规定，中华人民共和国公民的人格尊严不受侵犯，禁止用任何方法对公民进行侮辱、诽谤；《中华人民共和国民法通则》规定，公民享有名誉权，公民的人格尊严受法律保护，禁

---

〔1〕 参见《江西高院发布 2022 年度全省法院贯彻实施民法典十大典型案例》，载 https://jxgy.jxfy.gov.cn/article/detail/2023/02/id/7131118.shtml，最后访问日期：2024 年 9 月 26 日。

〔2〕 参见王毅纯：《民法典人格权编对性骚扰的规制路径与规则设计》，载《河南社会科学》2019 年第 7 期。

止用侮辱、诽谤等方式损害公民的名誉；《中华人民共和国刑法》中也规定有强制猥亵、侮辱罪；《中华人民共和国治安管理处罚条例》规定，侮辱妇女或进行其他流氓活动为扰乱公共秩序的行为；《妇女权益保障法》也规定，妇女的名誉权和人格尊严受法律保护，禁止用侮辱、诽谤、宣扬隐私等方式损害妇女的名誉和人格。直至 2005 年修正《妇女权益保障法》，该法第 40 条明确规定："禁止对妇女实施性骚扰。受害妇女有权向单位和有关机关投诉。"这是我国第一部明确对性骚扰作出规定的法律。但该条文只是禁止对妇女实施性骚扰，规定受到性骚扰的妇女有权向单位和有关机关投诉，对民事义务以及民事责任的承担并未作出进一步规定。此次《民法典》编纂，将禁止性骚扰明确规定在人格权编中，即明确将性骚扰界定为侵害人格权的行为。《民法典》第 1010 条除在第 1 款规定性骚扰的行为人承担民事责任之外，第 2 款还规定，机关、企业、学校等负有防止和制止利用职权、从属关系实施性骚扰的义务。可见，我国对于性骚扰的法律规制，采用的是人格权保护主义基本立场，兼采职场保护主义模式。[1]

（四）课程思政

性自主权是自然人保持其性纯洁的良好品行，依照自己的意志支配其性利益的具体人格权。性自主权的客体是性利益，性利益是自然人的性的品行，在性的问题上保持自己的性的纯洁。男女享有平等的性利益，保持性的纯洁、具有高尚的性品行的性利益，是男女都享有的人格利益，是一个平等的人格利益。[2]性自主权既然是关于性的权利，那么权利人可以在法律允许的范围内，依自己的意愿而行使。但是，性自主权的自由应当依法得到适当限制。这种自由仅仅局限在自己的性利益之上，并不包括自由权的其他方面。性自主权要受法律、道德的约束，不得违反公共利益和善良风俗。性骚扰行为，就是行为人违背权利人的意志，侵害权利人性自主权的行为。因此，对他人实施侵害性自主权的性骚扰行为，应当承担侵权责任。

---

〔1〕 参见最高人民法院民法典贯彻实施工作领导小组主编：《中华人民共和国民法典人格权编理解与适用》，人民法院出版社 2020 年版，第 176—177 页。

〔2〕 参见杨立新主编：《中华人民共和国民法典释义与案例评注．人格权编》，中国法制出版社 2020 年版，第 112 页。

性骚扰行为会影响被骚扰者的学习、工作和生活，侵害人格尊严、自由，损害自信与自尊，甚至造成被骚扰者的恐惧与自闭，还可能涉及社会中的性别歧视，社会关注度高。《民法典》第1010条之规定明确了性骚扰的构成要件、表现形式和法律责任，对于司法实践中认定性骚扰、依法惩处性骚扰违法行为和保护被骚扰者的合法权益具有积极的现实意义。同时，《民法典》还明确了机关、企业、学校等负有防止和制止利用职权、从属关系等实施性骚扰的义务，为性骚扰受害人寻求司法保护提供了更为明确的法律指引。随着《民法典》的深入贯彻实施，对妇女权益以及劳动者在工作过程中不受歧视和骚扰的基本权益保护愈发深入人心，除了激励性骚扰受害者遇到不法侵犯时敢于发声，学会用法律武器保护自己，也要求用人单位对性骚扰行为采取零容忍态度，坚决杜绝职场性骚扰，有利于推动建立和谐健康的人际关系、构建文明向上的社会秩序。

二、肖像权

（一）法条规定

《民法典》第1019条：任何组织或者个人不得以丑化、污损，或者利用信息技术手段伪造等方式侵害他人的肖像权。未经肖像权人同意，不得制作、使用、公开肖像权人的肖像，但是法律另有规定的除外。

未经肖像权人同意，肖像作品权利人不得以发表、复制、发行、出租、展览等方式使用或者公开肖像权人的肖像。

（二）规范解读

肖像权，是指自然人以自己肖像的利益为内容的权利，其是一种具有维护个性作用并且具有可克减性和较大商业化价值的人格权。[1]随着现代数字技术的发展，肖像得以摆脱有形物质载体的束缚，获得了更加丰富的表现形式。但与此同时，现代技术也对肖像权的保护提出了更加严峻的挑战，社会生活中对肖像权的侵害方式日趋多元，负载于肖像之上的利益也愈

---

[1]　参见龙卫球主编：《中华人民共和国民法典人格权编与侵权责任编释义》，中国法制出版社2020年版，第103页。

发多元化。以此为背景,《民法典》人格权编以专章形式对肖像权作出较为系统和全面的规定,以期充分回应时代需求,切实保护自然人的肖像人格利益。

《民法典》第 1019 条规定了侵害肖像权的具体表现形式。从肖像权的积极权能来看,未经肖像权人同意而进行制作、使用、公开肖像的行为,都构成对肖像权的侵害,具体包括三类行为:第一,未经同意而制作他人肖像。尽管有学者认为,肖像的制作是人的自由,法律上没有禁止的必要;但我国多数学者认为,肖像权之中包括肖像制作权能,未经肖像权人的同意,任何人不得擅自制作其肖像。[1]《民法典》采多数学者的立场。这一做法有其积极意义,如果肖像权不包括肖像制作权能,那么在没有制作肖像以前,主体就不享有肖像权。这与人格权与主体相伴的特点相违背。另外,在我国实践中偷拍现象较为常见,这一规定有助于解决实践中的问题。第二,未经同意而使用他人肖像。未经同意使用他人肖像,可以是商业性使用,也可以是非商业性使用。需要指出的是,《中华人民共和国民法通则》第 100 条曾规定,"公民享有肖像权,未经本人同意,不得以营利为目的的使用公民的肖像。"但这一做法对肖像权的保护是不充分的,违背肖像权制度的设立目的。《民法典》吸收了学者们的见解,改变了《中华人民共和国民法通则》的不当规定。第三,未经同意而公开他人肖像。从实践来看,侵害他人肖像公开权能的行为,可以表现为通过出版、展览、上网等方式。

同时,本条还从肖像权消极权能的角度,明确了侵害肖像权的行为。具体来说,侵害肖像权消极权能的行为包括三种:一是丑化肖像。例如,在他人肖像上添加胡须、眼镜、黑斑等方式丑化他人。丑化肖像的情形可能同时构成侵害肖像权人的名誉权。当然,是否同时构成侵害名誉权,以肖像权人的社会评价是否降低为标准。二是污损肖像。例如,以焚烧、撕扯的方式侵害他人肖像。[2]三是利用信息技术手段伪造。它包括通过修图、AI 换脸的方式进行的侵害肖像权的行为。

---

〔1〕 参见苏号朋:《民法总论》,法律出版社 2006 年版,第 216–217 页。
〔2〕 参见王利明:《人格权法》,中国人民大学出版社 2016 年版,第 253 页。

（三）案例素材

【司法判例】

2021 年 7 月 7 日，杜某发布一条微博（某网络技术有限公司系该平台经营者），内容为"日本地铁上的小乘客，一个人上学，那眼神里充满自信和勇气，太可爱了"，并附有楼某乘坐杭州地铁时的照片，引起网友热议。次日，楼某的母亲在微博发布辟谣帖："我是地铁小女孩的妈妈，网传我家孩子是日本小孩！在此特此申明：我家孩子是我大中华儿女，并深深热爱着我们的祖国！……"广大网友也纷纷指出其错误。之后杜某仍不删除案涉微博，还在该微博下留言，继续发表贬低祖国和祖国文化的言论。后该微博账号由于存在其他不当言论被微博官方关闭，所有发布的内容从微博平台清除。楼某以杜某、某网络科技有限公司侵害其肖像权为由，提起诉讼。

法院认为，自然人享有肖像权，有权依法制作、使用、公开或者许可他人使用自己的肖像；任何组织或者个人不得以丑化、污损，或者利用信息技术手段伪造等方式侵害他人的肖像权；未经肖像权人同意，不得制作、使用、公开肖像权人的肖像，但是法律另有规定的除外。本案中，杜某发布的案涉微博中使用的图片含有小女孩的清晰面部、体貌状态等外部身体形象，通过比对楼某本人的肖像，以社会一般人的认知标准，能够清楚确认案涉微博中的肖像为楼某的形象，故楼某对该图片展现的肖像享有肖像权。杜某在"七七事变"纪念日这一特殊时刻，罔顾客观事实，在众多网友留言指出其错误、楼某母亲发文辟谣的情况下，仍拒不删除案涉微博，还不断留言，此种行为严重损害了包括楼某在内的社会公众的国家认同感和民族自豪感，应认定为以造谣传播等方式歪曲使用楼某的肖像，严重侵害了楼某的肖像权。楼某诉请杜某赔礼道歉，有利于恢复其人格状态的圆满，有利于其未来的健康成长，依法应获得支持。遂判决杜某向楼某赔礼道歉，并赔偿楼某精神损害抚慰金、合理维权费用等损失。[1]

---

〔1〕　参见最高人民法院:《人民法院贯彻实施民法典典型案例（第一批）》，载 https://www.court.gov.cn/zixun/xiangqing/347181.html，最后访问日期：2024 年 9 月 26 日。

【司法判例】

原告周某根据影迷反映，发现被告中建公司在其官网上最醒目位置发布"城市森林携手'星爷'一起见证生态墙板真功夫"的宣传广告。同时，原告又发现被告在"创业邦"网站也发布了"城市森林集成墙饰携手喜剧之王周××一起见证生态墙板真功夫"的宣传广告，并在原告的照片旁注明"华语喜剧演员导演、编剧、监制、制片人、出品人，代表作《功夫》"。原告在 2017 年 1 月 13 日向被告发出了律师函，要求被告停止侵害、恢复名誉、消除影响、赔礼道歉。2017 年 9 月，原告在《旅伴》杂志 2017 年第 2 期的广告页上发现"城市森林，全生态整屋快装把森林搬回家"的宣传广告，在该广告最醒目位置展示有"《功夫》主演周××携手城市森林环保产业"的标语。原告起诉至法院，认为被告在其官网、"创业邦"网站以及在《旅伴》杂志发布的宣传广告，均使用了原告的肖像用于招揽生意，且未经原告同意，此行为侵犯了原告的肖像权。

法院认为，被告未经原告同意使用其肖像和姓名的行为已经侵犯了原告的肖像权和姓名权，应当依法承担相应的侵权责任。原告的财产损失或被告因侵权获得的利益难以确定，双方就赔偿数额亦未能协商一致，根据案件实际情况，酌情认定赔偿数额为 58 万元。其中，根据原告周某的职业身份、知名度、肖像许可使用情况，被告的侵权行为持续时间、主观过错程度、涉案侵权广告范围、网站公开程度、杂志发行量及可能造成的影响等情节，确定财产性损害赔偿 50 万元；结合原告为制止涉案侵权行为的诉讼成本、案件标的额、判赔额、案件复杂程度、律师工作量、相关律师收费标准等因素，确定合理费用支出 8 万元。同时，对于原告要求被告在其官网和《旅伴》杂志上刊登致歉声明的该部分主张，法院予以支持。[1]

（四）课程思政

科学技术的进步使人们的工作和生活都更加便利，但与此同时，利用新技术的侵权手段也更加多元化。高科技、互联网的发展对人格权保护提

---

〔1〕参见上海市第一中级人民法院（2017）沪 01 民初 1211 号民事判决书。

出了更高要求，光学技术、人脸识别技术的非法利用使得肖像权的保护也变得日益重要和紧迫。例如，光学技术的发展促进了摄像技术的发展，也提高了摄像图片的分辨率，使得夜拍图片与日拍图片具有同等的效果，这也使得对肖像权的利用更为简便；再如，在我国，面部识别技术、视网膜识别技术等获得重大突破，使得个人身份的确认更为简便，这些技术一旦被滥用，即可能对个人人格权益的保护构成重大威胁。为了回应司法实践中的新问题，《民法典》第四编第四章确立了比较完整的肖像权保护规则。如此系统的肖像权立法在我国民事法律体系中是首次，在世界各国民事法律体系中也是不多见的。

《民法典》在人格权保护方面，除了有诸多具体制度的创新之外，最大的一个亮点就是人格权独立成编。作为世界上首部人格权独立成编的民法典，大大推动了我国人权事业的发展，彰显了我国以人民为中心的发展思想，其中最重要的意义就是体现了维护人格尊严的法治目标。人格权法律制度的根本目的在于保护个人的人格尊严，各项人格权都体现了人格尊严的保护要求。人格权独立成编有利于宣示保护人格尊严的理念和价值。[1]《民法典》首次从宏观层面对"人格自由"和"人格尊严"作了规定，可以说是对现实中侵害他人人格尊严行为的回应；同时，人格权独立成编的创举也宣示了人格权制度的立法目的与根本价值，具有鲜明的时代特点，是中国现代民事立法的人文精神和人文关怀的具体体现。

三、名誉权

（一）法条规定

《民法典》第 1024 条：民事主体享有名誉权。任何组织或者个人不得以侮辱、诽谤等方式侵害他人的名誉权。

名誉是对民事主体的品德、声望、才能、信用等的社会评价。

（二）规范解读

名誉权是指自然人和法人、非法人组织就其自身属性和价值所获得的

---

〔1〕　参见王利明：《论人格权独立成编的理由》，载《法学评论》2017 年第 6 期。

社会评价，享有的具体人格权。名誉权的主体包括自然人、法人和其他组织。名誉权的客体是名誉利益，是自然人和法人就其自身属性和价值所获得的社会评价，具体包括自然人的品德、才能和其他素质，法人的经营能力、经济效益等状况。这是名誉权区别于其他任何具体人格权的最基本特征。名誉权的基本内容是保有和维护自己的社会评价，名誉权不具有像肖像权、名称权那样被商业化利用的价值。名誉权是非财产性的人格权，不具有直接的财产价值，也不能直接带来财产收益。但名誉权也可以包括一定的财产利益因素，这表现在名誉权受损害以后，主体会因补救损害而受到一定的经济损失；同时，还可能导致自然人受聘、晋级、提薪受到影响，导致法人社会信誉的降低、利润减少，均可使其财产受到损害。[1]

名誉是名誉权的客体。应当区别的是，名誉分为主观名誉和客观名誉。作为名誉权客体的名誉是客观名誉，即独立于权利主体之外的"对民事主体的品德、声望、才能、信用等的社会评价"，它既不是权利人对自己的自我评价，也不是权利人本身的自我感觉，而是社会对权利人的客观评价。主观名誉也叫名誉感，是主体对自己品德、声望、才能、信用等的自我评价和感受。名誉权对主观名誉不予以保护，只保护主体的客观名誉不因受他人的非法行为侵害而降低。

（三）案例素材

【司法判例】

某公司在某小区开有一家美容店，黄某是该公司股东兼任美容师，邵某是该小区业主，邵某因美容服务问题在美容店内与黄某发生口角。邵某利用其小区业主微信群群主的身份，在双方发生纠纷后多次在业主微信群中散布谣言，对某公司、黄某进行造谣、诽谤、污蔑、谩骂，并将黄某从业主群中移出，某公司因邵某的行为生意严重受损。为此，某公司、黄某向法院起诉请求邵某赔礼道歉、消除影响、恢复名誉，同时要求赔偿损失

---

〔1〕 参见杨立新主编：《中华人民共和国民法典释义与案例评注．人格权编》，中国法制出版社 2020 年版，第 184 页。

及精神抚慰金共计3万元。

法院认为，公民、法人享有名誉权，公民、法人的人格尊严受法律保护，禁止用侮辱、诽谤等方式损害公民、法人的名誉。本案中，邵某在与黄某发生纠纷后，在双方共同居住的小区业主微信群中针对某公司、黄某发表言论并使用黄某照片作为配图，其对某公司、黄某使用了贬损性言辞，但其未提交证据证明其所发表涉案言论的客观真实性，造成不当言论的传播，邵某在主观上具有过错。网络信息传播迅速，从微信群中其他用户反映的情况看，涉案言论确易引发对某公司经营的美容店的猜测和误解，导致对某公司、黄某的负面认识，造成原告社会评价降低，故邵某的行为侵犯了某公司和黄某的名誉权，邵某应当就此承担民事侵权责任。一审法院酌情支持了黄某要求赔礼道歉、赔偿精神损失以及某公司要求赔礼道歉、赔偿经济损失的主张。邵某不服一审判决，提起上诉。二审法院驳回上诉，维持原判。[1]

【司法判例】

2018年，朱某经营的熟菜作坊因卫生问题被某省广播电视总台曝光，后被相关部门取缔。两年后朱某易地重开，以其女儿名义成立某卤菜厂。某省广播电视总台的记者暗访发现，某卤菜厂生产环境堪忧，遂向市场监督管理局举报。当地市场监督管理局查明，某卤菜厂涉嫌经营腐败变质食品，且存在其他违法行为，对其作出行政处罚。某省广播电视总台报道了这一事实，报道中指出：记者在某卤菜厂实地拍摄，地上血水和污水混流，绿头苍蝇随处可见，包装袋上爬有白色蛆虫，工人没有任何防护直接在脏地板上操作。同时，案涉报道中插播了记者2018年在朱某经营的熟菜作坊拍摄的视频，视频右上角标注了时间"2018年6月"。某卤菜厂以某省广播电视总台混淆事实侵犯其名誉权为由提起诉讼，要求某省广播电视总台撤回报道、赔礼道歉、赔偿损失。

---

[1] 参见《人民法院大力弘扬社会主义核心价值观十大典型民事案例》，载 https://www.court.gov.cn/zixun/xiangqing/229041.html，最后访问日期：2024年9月26日。

法院认为，某省广播电视总台报道食品卫生问题、揭露食品安全隐患是职责所系，目的是维护社会公共利益，并无侵犯他人名誉权之故意。案涉报道反映出某卤菜厂卫生环境恶劣，且工人操作极不规范，对此市场监督管理局已调查核实，并对某卤菜厂作出行政处罚。报道内容与行政处罚决定书及记者实地拍摄的视频可相互印证，故某省广播电视总台不存在捏造、歪曲事实之情形。案涉新闻系实地拍摄后经剪辑形成，内容来源准确可靠。某省广播电视总台已尽到合理核实义务。报道中的评论性用语较为公正客观，不存在恶意贬损和侮辱诽谤的情形。某省广播电视总台插播朱某 2018 年违规经营的视频，一方面是出于讲述新闻事实前因后果的需要，另一方面意在回顾朱某的违法行为，倡导监管机制常态化。案涉报道中对于插播的 2018 年视频进行了时间标注，并未混淆事实、误导观众。综上，某省广播电视总台实施的新闻报道并未侵犯某卤菜厂的名誉权，判令驳回某卤菜厂的全部诉讼请求。[1]

（四）课程思政

名誉权是《民法典》人格权编的核心内容之一，在规范内容和保护层面具有独特价值。《民法典》中关于名誉权保护的相关规定，体现了新时代国家全面保障人格尊严的重要举措，贯彻了习近平新时代中国特色社会主义思想的基本精神，弘扬了社会主义核心价值观，彰显了中国特色法治文明。

通过人民法院弘扬社会主义核心价值观典型案例的分析讲解，可以让学生更好地理解名誉权保护在社会生活中的重要意义。第一个案例让学生认识到，在互联网+时代，人人都是网民，都可以利用网络表达自己的观点。但是网络空间不是法外之地，言论的自由表达需要建立在客观事实之上。公民在微信群、朋友圈等网络空间同样需要遵守国家的法律法规，不能为所欲为、不加节制。在微信群、朋友圈中损毁他人名誉，构成网络名誉侵权，应承担相应的法律责任。这对于规范公民网络空间行为、树立文

---

〔1〕 参见最高人民法院：《第二批人民法院大力弘扬社会主义核心价值观典型民事案例》，载 https：//www.court.gov.cn/zixun/xiangqing/346671.html，最后访问日期：2024 年 9 月 26 日。

明交往风尚、构建良好网络社会秩序具有积极意义。第二个案例使学生进一步学习掌握关于新闻报道、舆论监督等影响他人名誉的免责规定。媒体新闻报道引发名誉权纠纷，在法律层面，涉及新闻自由与名誉权保护之间的平衡问题；在社会层面，涉及与千家万户息息相关的食品安全问题；在道德层面，涉及企业商家诚实守信的经营准则问题。食品卫生问题关乎国计民生，"舌尖上的安全"不容侵犯。法律明确了新闻舆论监督权与经营者名誉权的边界，鼓励新闻媒体通过合法合规方式揭露社会问题，维护公共利益。这对于引导商户诚信经营、推进信用体系建设、形成良好社会风气具有积极作用，不仅弘扬了敬业、诚信的社会主义核心价值观，更彰显了人民法院保护人民群众"舌尖上的安全"、依法支持新闻舆论监督的态度和决心。此外，国内已有多个法院在处理名誉权纠纷时，巧妙地运用社会主义核心价值观进行调解，进而化解矛盾。[1]通过这些案例，可以让学生更好地认识到《民法典》对名誉权保护的规定在维护社会和谐、稳定方面的重要意义，以及社会主义核心价值观在解决名誉权纠纷中的积极作用。

四、个人信息保护

（一）法条规定

《民法典》第 1034 条：自然人的个人信息受法律保护。

个人信息是以电子或者其他方式记录的能够单独或者与其他信息结合识别特定自然人的各种信息，包括自然人的姓名、出生日期、身份证件号码、生物识别信息、住址、电话号码、电子邮箱、健康信息、行踪信息等。

个人信息中的私密信息，适用有关隐私权的规定；没有规定的，适用

---

〔1〕　参见《法官说"典"｜祸从口出惹官司 法官巧用社会主义核心价值观调解名誉权纠纷》，载 https://m.thepaper.cn/baijiahao_18938837，最后访问日期：2024 年 9 月 26 日；《因借贷引发的名誉权纠纷……法官巧用社会主义核心价值观调解》，载 https://www.thepaper.cn/newsDetail_forward_17386762，最后访问日期：2024 年 9 月 26 日；《上杭法院：邻里引发名誉权纠纷，法官巧用社会主义核心价值观调解》，载 https://www.thepaper.cn/newsDetail_forward_19119727，最后访问日期：2024 年 9 月 26 日。

有关个人信息保护的规定。

（二）规范解读

《民法典》第1034条是关于个人信息保护的规定，与《民法典》第111条的规定相呼应。本条首先规定自然人的个人信息受法律保护，之后对个人信息概念的内涵和外延进行界定，并区别于受隐私权保护的私密信息。

本条首先明确了个人信息受法律保护。对于是否将"个人信息"作为一项权利予以保护，即设立"个人信息权"，立法过程中曾经有过争议，最终《民法典》采用的是"个人信息保护"的表述。诚然，信息主体控制自己个人信息不被违法处理或滥用的权利，是个人信息保护制度运行的基石。然而在大数据时代，个人信息权的设置未必是实现个人信息保护的最佳途径。一方面，信息主体的有限理性易导致个人信息权的设立初衷无法达到。随着智能应用技术的日益普及，人们已经默认甚至习惯了个人信息被获取、使用与处理。为享受智能技术带来的便利，信息主体只能同意自己的信息被收集，加上信息具有天然的流动性、易复制性，实践过程中信息主体对于个人信息的控制极可能流于形式，实质上难以达到设立个人信息权、加强个人信息保护的目的。[1]另一方面，个人信息权的设置不利于信息社会产业的发展。大数据时代的个人信息已经成为信息产业重要的新型生产要素，信息共享为大数据产业的发展提供了极大便利，而固化的信息控制机制并不利于信息时代产业的发展。[2]基于此，出于对信息主体利益与数据共享利用之间关系平衡等诸多方面的考量，《民法典》最终选择了"个人信息保护"的表述。

同时，本条还对个人信息进行了界定。我国立法对个人信息的判断标准为"可识别性"。2012年，全国人民代表大会常务委员会发布的《关于加强网络信息保护的决定》将"能够识别公民个人身份和涉及公民个人隐私的电子信息"界定为个人信息，该条体现了个人信息的核心特征，即"可

---

〔1〕 参见周汉华：《个人信息保护的法律定位》，载《社会科学文摘》2020年第8期。

〔2〕 参见郭如愿：《大数据时代民法典人格权编对个人信息的定位与保护》，载《人民论坛》2020年第9期。

识别性"，但其对个人信息的定义过于抽象概括。[1]2013 年，工业和信息化部颁布的《电信和互联网用户个人信息保护规定》采取了"列举加概括"的模式，在强调个人信息可识别性特征的同时，列举出了用户姓名、出生日期、身份证件号码、住址、电话号码、账号和密码等个人信息的表现形式，较为全面地界定了个人信息的内涵。《中华人民共和国网络安全法》沿用了"列举加概括"的定义模式，将个人信息界定为"以电子或者其他方式记录的能够单独或者与其他信息结合识别自然人个人身份的各种信息，包括但不限于自然人的姓名、出生日期、身份证件号码、个人生物识别信息、住址、电话号码等"。至此，较为准确且基本能与现代信息技术发展相适应的"个人信息"定义在我国现行法中基本确定，并为《民法典》所承续。同时，《民法典》第 1034 条新增了电子邮箱地址和行踪信息两大类型，符合现代技术发展的趋势与个人信息保护的要求。

（三）案例素材

【司法判例】

原告单某在"小宝 e 购"微信小程序注册下单购买商品后，被告江西某公司于 2022 年 6 月 6 日向其发送链接，邀请其进入"江西小宝 E 购 2 群（250）"。同日 17 时 16 分，单某入群。17 时 20 分，江西某公司在该群发送单某下单截图及微信号截图。下单截图内容："××超市单先生 138×××××　×××收货地址：江西省南昌市-东湖区-贤士湖管理处阳明东路永外正街×××号；××商品，实付××元，××商品，实付××元，合计××元。"微信号截图内容为："阳明路××超市，昵称：shan××，微信号：shan138××××××××，地区：江西南昌"。17 时 22 分，单某向江西某公司要求撤回图片，江西某公司未回应。2022 年 6 月 14 日，单某以个人信息保护纠纷为由诉至法院，要求江西某公司赔礼道歉、消除影响、赔偿损失。

法院认为，被告江西某公司未征得原告单某同意，在微信群内发送原

---

[1]　参见王洪亮：《〈民法典〉与信息社会——以个人信息为例》，载《政法论丛》2020 年第 4 期。

告下单截图及微信号截图，公开了原告的个人信息，不符合个人信息处理的原则和条件。微信群所涉人员高达二百余人，被告发送在微信群内的信息客观上已经被群内人员知悉，且有向不特定人扩散的风险。被告未经原告同意在微信群内发送原告下单截图及微信号截图的行为，侵害了原告的个人信息权益。遂判决被告向原告书面赔礼道歉（该道歉内容须通过法院审查）。[1]

【司法判例】

2020年4月，田某用手机号码在"58同城"注册账号，并绑定其邮箱。后田某在"58同城"发布虚假兼职信息，有兼职意向的求职者向田某的邮箱投递个人简历（内容包含姓名、电话号码、年龄、性别、地区等信息）。2020年5月至6月，田某明知案外人购买个人简历是用于非法用途，仍在收到求职者个人简历后，以每条0.2元至1.8元不等的价格，多次向案外人出售两万余条。案外人以微信、支付宝转账方式向田某支付9512.7元。常州市人民检察院在履行职务中发现田某非法收集、买卖自然人的个人信息，可能造成不特定多数人的个人信息泄露，侵害众多个人的权益，依法向常州市中级人民法院提起民事公益诉讼。

法院认为，自然人的个人信息受法律保护，任何组织、个人不得侵害自然人的个人信息权益。任何组织或者个人需要获取他人个人信息的，应当依法取得并确保信息安全，不得非法收集、使用、加工、传输他人个人信息，不得非法买卖、提供或者公开他人个人信息。本案中，被告人田某非法收集、买卖自然人的个人信息，使不特定自然人的个人信息安全处于潜在的风险，对不特定多数自然人的精神造成损害，亦使社会公共利益受损。遂于2021年11月1日作出一审判决，判决被告田某在国家级新闻媒体上向社会公众进行书面道歉，并赔偿损失9512.7元。[2]

---

〔1〕 参见《江西高院发布2022年度全省法院贯彻实施民法典十大典型案例》，载 https://jxgy.jxfy.gov.cn/article/detail/2023/02/id/7131118.shtml，最后访问日期：2024年9月26日。

〔2〕 参见《常州法院2021年度十大典型案例发布》，载 http://fy.changzhou.gov.cn/html/czfy/2022/BQBJQCKD_0221/11458.html，最后访问日期：2024年9月26日。

（四）课程思政

随着信息化与经济社会持续深度融合，网络已成为生产生活的新空间、经济发展的新引擎、交流合作的新纽带，与此同时，也滋生了为谋取经济利益，随意收集、违法获取、过度使用、非法买卖个人信息的现象。《民法典》在有关法律规定的基础上，进一步强化了对个人信息的保护，明确了处理个人信息时应当遵循的原则和条件，更是将个人信息保护提升到了一个新的高度，而我国个人信息保护制度的再一次飞跃，乃是2021年8月20日《中华人民共和国个人信息保护法》的诞生，具有划时代的历史意义。数字时代的《中华人民共和国个人信息保护法》，是保障个人信息权益乃至宪法性权利的基本法。这表明我国在继《民法典》之后，将个人信息的法律保护提升至更高高度。

个人信息保护具有重要的意义，不仅涉及个人的权益，也关乎社会的发展和稳定。首先，个人信息保护是个人的基本权利。每个人都有权控制自己的个人信息，包括谁可以获取这些信息以及如何使用它们。保护个人信息有助于确保个人隐私和安全，避免信息泄露和滥用所带来的风险。其次，个人信息保护对于促进数字经济和社会发展具有重要作用。在数字化时代，个人信息成了一种重要的资源，对于许多行业都具有巨大的价值。保护个人信息可以鼓励企业更加注重用户隐私和安全，推动数字经济的发展。再其次，个人信息保护也是社会稳定的重要因素。保护个人信息可以减少社会不公和不满情绪，有助于维护社会和谐稳定。最后，个人信息保护也有助于增强公众对政府和企业的信任，推动社会的信息化进程。总之，个人信息保护对于个人、社会和国家都具有重要的意义。我们应该加强个人信息保护的力度，制定更加严格的法规和标准，确保个人信息的安全和隐私，推动社会的可持续发展。

通过讲授《民法典》及相关法律中关于个人信息保护的规定，引导学生遵守与维护网络空间的秩序，而网络空间的秩序需要从法律与道德两方面进行维护；培养学生明辨是非、理性思考的能力，保持对法律的敬畏之心，自觉遵守并维护网络空间的法律秩序。同时，教师通过阐释个人信息保护在《民法典》人格权编中的立法意义和重要地位，使学生理解我国以人民为中心的法治思想，更好地领悟《民法典》中社会主义核心价值观的具体体现。

第七章

民法典婚姻家庭编课程思政教学设计

第一节　教学设计基本思路

通过对《民法典》婚姻家庭编中具体法律条文及其规范进行解读，结合司法判例、新规实施效果，使学生在学习离婚冷静期制度、离婚后的父母子女关系、隔代探望权、离婚经济补偿等婚姻家庭法律知识的同时，引导学生发掘《民法典》制度背后的自由、和谐、文明、法治等社会主义核心价值观，理解《民法典》对于弘扬中华优秀传统文化、促进家庭文明建设的积极意义。

表 7-1

序号	对应知识点	课程思政结合点	说　明
1	离婚冷静期制度	引导学生理解婚姻自由与家庭和谐之间的关系。	结合司法判例和离婚冷静期制度实施后的数据分析，使学生了解《民法典》这一新规的社会效果，理解其对维护家庭关系和谐的重要意义。
2	离婚后的父母子女关系	引导学生关怀弱势群体，强化对未成年人的保护意识。	通过典型的司法判例，使学生感受到《民法典》对未成年人等家庭关系中弱势群体的尊重、关怀与保护，弘扬友善、和谐的社会主义核心价值观。
3	隔代探望权	引导学生弘扬公正、法治、和谐的社会主义核心价值观。	通过司法判例，使学生明白在处理家事纠纷时，相比严苛冷酷的法律，道德和伦理有时可以发挥更大的力量，人民法院通过情理法相融合，能够在解决纠纷的同时，弘扬社会主义核心价值观和中国传统家庭美德。

序号	对应知识点	课程思政结合点	说　　明
4	离婚经济补偿	引导学生树立家庭文明与和谐的理念。	通过典型的司法案例，加深学生对中华民族的传统家庭美德的理解，重视家庭文明建设，弘扬良好社会风气。

第二节　教学设计典型课例

一、离婚冷静期制度

（一）法条规定

《民法典》第 1077 条：自婚姻登记机关收到离婚登记申请之日起三十日内，任何一方不愿意离婚的，可以向婚姻登记机关撤回离婚登记申请。

前款规定期限届满后三十日内，双方应当亲自到婚姻登记机关申请发给离婚证；未申请的，视为撤回离婚登记申请。

（二）规范解读

《民法典》第 1077 条规定了离婚冷静期制度，是《民法典》新增条文，是对协议离婚程序作出的限制性规定。离婚冷静期，是指离婚双方当事人以协议离婚的方式从申请离婚开始，由离婚登记机关备案直至一段时间过后，再由双方当事人决定是否坚持解除婚姻关系或撤销离婚申请，法律规定双方当事人冷静思考离婚问题的期限为离婚冷静期。

我国协议离婚制度具有尊重婚姻当事人意思自治、程序便利、保障当事人隐私与社会稳定等特点，其设立顺应了时代发展趋势，有利于保障离婚自由。但是离婚自由不能是无限的自由，个人的自由在与家庭和谐、社会稳定之间，要受到一定限制。由于我国以前的协议登记手续较为简便，没有对离婚当事人附加限制，导致不良离婚行为滋生，冲动型、轻率型离婚的现象增多。协议离婚的数量带动整体离婚率的上升，成为当事人选择离婚的主要形式，实践中超过 80% 的离婚当事人选择协议离婚；而且离婚当事人的婚龄越来越短，其中结婚 5 年内离婚的年轻人比重逐年增大。[1] 因此，离婚自由应坚持适度原则，在不损害当事人离婚自由的前提下，制度安排应当有利于维护家庭和谐稳定，有利于保护未成年人、妇女、老年人的合法权益。本条即为确认双方离婚真实意思，减少轻率离婚，切实维护家庭和谐与社会稳定，规定了离婚冷静期制度。

本条第 1 款规定在 30 日内的离婚冷静期内，任何一方可以向登记机关撤回离婚申请；在第一个 30 日届满后 30 日内，如果双方没有到婚姻登记机关申请发给离婚证，视为撤回离婚申请。之所以设置 30 日的离婚冷静期，是在保护当事人离婚自由与防止轻率型离婚之间的利益寻找平衡，既避免冷静期时间太长损害当事人的离婚自由，又避免冷静期时间太短无法达到"冷静"的效果。需要强调的是，本条两款都规定了 30 日，但两个 30 日的效力不同，对当事人和婚姻登记机关行为的约束不同，因此法律后果也是不同的。第 1 款规定的 30 日冷静期是真正的"离婚冷静期"，即婚姻登记机关在收到离婚登记申请之日后 30 日内不会办理离婚登记手续，在此期间任何一方均可以撤回离婚登记申请。第 2 款规定的 30 日是"行动期"，即在 30 日离婚冷静期届满后的 30 日内，如夫妻双方亲自到婚姻登记机关申请发给离婚证，婚姻登记机关在审查符合离婚登记条件的，应当发给离婚证；如在此期间男女双方没有申请的，视为撤回离婚登记申请，婚姻登记机关不得基于双方最初的申请为其办理离婚登记。以上两款规定，明确了男女双方若要协议离婚，需要经过递交离婚登记申请后的 30 日离婚冷静期，在离婚冷静期届满后的 30 日内，还需要男女双方亲自到婚姻登记机关申请发给离婚证。如任何一方未到场申请确认的，视为双方未达成一致，不适用协议离婚的行政程序。

（三）案例素材

【司法判例】

何某（男）与冉某（女）于婚后感情逐渐出现裂痕，二人于 2019 年开

---

[1] 参见黄薇主编：《中华人民共和国民法典婚姻家庭编解读》，中国法制出版社 2020 年版，第 177-178 页。

始分居。2021 年 1 月 7 日，二人决定协议离婚，并约定好了财产分配、女儿抚养权等问题，前往民政局办理离婚登记。此时，恰逢《民法典》开始实施，两人随即迎来 30 天的离婚冷静期。2 月 8 日，冷静期期满，冉某却突然后悔，说内心本来不愿离婚，是男方一直将离婚挂在嘴边，她一时冲动，方才答应，同时有了一个女儿羁绊，她实在不忍割舍。相比冉某的留恋，何某则显得"无情"得多，直言对她已没有感情，既然当初答应了离婚，就不该反悔。冉某尝试多次挽留，但何某去意已决；法治专员介入调解，也没能让何某回心转意。何某预计协议离婚无果，遂诉讼离婚。法院依照程序先进行了调解，无果。最终，法院认为二人满足了分居两年的标准，且何某多次举证，表现出来的离婚意愿极其强烈，遂判决准予离婚。[1]

通过此案可以看出，离婚冷静期制度主要是对冲动型、轻率型离婚的一个程序方面的限制，增加了 30 天协议离婚的时间成本，希望当事人可以作出更谨慎的选择，降低冲动型离婚的离婚率。离婚冷静期制度并不是为了限制当事人的离婚自由，而是为了挽救危机婚姻，维护家庭和谐稳定。在夫妻双方具有离婚合意的前提下，通过 30 天的时间来延缓离婚程序的启动，能够让当事人充分冷静地思考，妥善作出抉择与安排，既能保护当事人的离婚自由，同时也能保护当事人及未成年子女的利益。

【新规效果】

自 2021 年 1 月 1 日《民法典》新规"离婚冷静期制度"开始实施以来，效果显著。从民政部发布的 2021 年全国及各省、自治区、直辖市离婚数据来看，2021 年离婚登记总数急剧下跌。民政部统计季报数据显示，2021 年全年共有 214.1 万对夫妻协议离婚，[2] 相比于 2019 年的 404.7 万对，[3]

---

〔1〕 参见袁港：《以案普法：浅谈民法典施行后，离婚"冷静期"对协议离婚的影响》，载 https://baijiahao.baidu.com/s？id=1739387865066844314，最后访问日期：2024 年 9 月 26 日。

〔2〕 参见《2021 年民政事业发展统计公报》，载 https://www.mca.gov.cn/images3/www2017/file/202208/2021mzsyfztjgb.pdf，最后访问日期：2022 年 8 月 26 日。

〔3〕 参见《2019 年民政事业发展统计公报》，载 https://www.mca.gov.cn/images3/www2017/file/202009/1601261242921.pdf，最后访问日期：2020 年 9 月 8 日。

降幅达 47.1% ；相比于 2020 年的 373.6 万对[1]，降幅为 42.7%。

2021 年第一季度离婚数据反映了离婚冷静期政策实施初期的情况，对政策变化更敏感，因此历年同季度数据的比较更有意义。从每年的第一季度数据来看，离婚登记数从 2007 年的 26.6 万对逐步上升至 2019 年的 104.8 万对，但在 2020 年和 2021 年出现断崖式下跌。2020 年第一季度和 2021 年第一季度离婚登记总数分别是 61.2 万对和 29.6 万对。如果说 2020 年人数急剧下降的部分原因是新冠肺炎疫情暴发，那么到 2021 年第一季度时，我国新冠肺炎疫情防控工作已经取得阶段性成果，生活进入新常态，但离婚人数仍然大幅下降，与 2019 年第一季度相比，降幅高达 71.7%，甚至回到 2007 年第一季度的水平。[2]

（四）课程思政

婚姻自由是我国婚姻法的基本原则，体现了我国婚姻家庭价值观念，成为自然人在婚姻家庭生活中共同认可和遵循的基本准则和基本精神。[3]保障离婚自由、反对轻率离婚是婚姻家庭法始终坚持的原则，也是我国离婚制度的重要特征。

当事人选择轻率离婚时，往往对离婚所能带来的效用有一定期待，认为离婚比维持一段失败的婚姻可以带来更高的效用。但离婚当事人对离婚结果的预期有时会出现偏差和失误，无法作出理性选择。离婚冷静期制度对处于冲动期的夫妻而言，能够发挥暂时冷却的缓冲功能，可促使婚姻关系恶化的当事人重新思考离婚的合意，达到稳定婚姻关系、维护家庭关系和谐的目的，此外，解除婚姻关系的法律行为一旦做出，必然影响到婚姻存续期间抚育的未成年子女利益。若当事人未经深思熟虑而草率离婚，匆忙拟定的离婚协议很可能无法全面顾及子女的各方面利益，从而损害未成年子女的合法权益，引发更加严重的社会问题。因此，离婚冷静期的设置，

---

[1]　参见《2020 年民政事业发展统计公报》，载 https://www.mca.gov.cn/images3/www2017/file/202109/1631265147970.pdf，最后访问日期：2024 年 9 月 26 日。

[2]　参见宋健、李灵春：《"离婚冷静期"政策能否降低离婚水平》，载《探索与争鸣》2022 年第 8 期。

[3]　参见夏吟兰：《对中国登记离婚制度的评价与反思》，载《法学杂志》2008 年第 2 期。

还可以促使婚姻双方谨慎思考、合理安排子女问题，强化对弱势群体的保护，实现婚姻关系上的实质正义。

二、离婚后的父母子女关系

（一）法条规定

《民法典》第 1084 条：父母与子女间的关系，不因父母离婚而消除。离婚后，子女无论由父或者母直接抚养，仍是父母双方的子女。

离婚后，父母对于子女仍有抚养、教育、保护的权利和义务。

离婚后，不满两周岁的子女，以由母亲直接抚养为原则。已满两周岁的子女，父母双方对抚养问题协议不成的，由人民法院根据双方的具体情况，按照最有利于未成年子女的原则判决。子女已满八周岁的，应当尊重其真实意愿。

（二）规范解读

《民法典》第 1084 条是对离婚后父母子女关系的规定。离婚的直接法律后果之一，不是父母亲权的消灭，而是亲权内容发生部分变更：直接抚养人由原来的双方变更为单方，监护人也由原来的双方变更为单方。亲权的整体不因离婚而改变，仍然是由父母双方共同享有，只是没有直接抚养未成年子女的一方当事人行使亲权受到一定的限制。[1]离婚导致夫妻之间婚姻关系的解除，带来的问题是未成年子女无法再继续与父和母共同生活，须解决随哪一方生活的问题。未成年子女随哪一方共同生活，该方便是直接抚养人，也就是亲权人（监护人）。

抚养、教育、保护子女，既是父母的权利，也是父母的义务。父母对子女的抚养、教育、保护的权利和义务，不因离婚而受影响或消除。现实生活中，夫妻离婚后对未成年子女的身心会造成极大的伤害，有些父母放松甚至不管子女的教育，导致青少年违法犯罪现象日益增多，已引起社会各界的重视和关注；而有的夫妻离婚后，一方争抢、骗走或藏匿子女，不

---

[1] 参见杨立新主编：《〈中华人民共和国民法典〉条文精释与实案全析》（下），中国人民大学出版社 2020 年版，第 175 页。

仅影响到子女的健康成长，同时也实质上剥夺了对方对其子女的抚养、教育、保护的权利。所以，根据本条规定，离婚后父母双方对子女仍有抚养、教育、保护的权利和义务。

本条第 3 款规定了离婚后不同年龄段的子女的抚养规则。不满两周岁的子女，以由母亲直接抚养为原则、父亲直接抚养为例外。例外情形主要包括：第一，母亲有久治不愈的传染性疾病或者其他严重疾病，子女不宜与母亲共同生活的；第二，母亲有抚养条件但不尽抚养义务，而父亲要求子女随其生活的；第三，因其他原因，子女确实无法随母亲生活的。此外，如果父母双方协议不满两周岁的子女随父亲生活，对子女健康成长无不利影响的，也可以由父亲抚养。关于两周岁以上的未成年子女的直接抚养人的确定，原则上是协商解决，发生争议的，由法院根据最有利于子女的原则和双方的具体情况判决。子女已满八周岁的，应当尊重子女的真实意愿。

（三）案例素材

【司法判例】

陆某（男）和陈某（女）于 2012 年登记结婚，婚后不久二人便感情不和，2013 年 6 月起双方开始分居，而此时陈某已有身孕。2013 年 8 月 21 日，陆某和陈某签订"自愿离婚协议书"，约定双方自愿离婚，孩子出生后由陆某抚养，抚养费由陆某全部负责。2013 年 9 月 2 日，二人的儿子陆小某出生，其出生后不久就开始随陆某一起生活。2014 年陈某向法院提起诉讼，请求判决陈某与陆某离婚，并要求抚养儿子、陆某支付抚养费。法院认为，陈某、陆某夫妻感情已经破裂，准许离婚。婚生儿子陆小某由陆某负责抚养，抚养费由陆某自行承担；孩子成年后随父随母由其自择。[1]

因此案发生在《民法典》生效之前，故法院依据《中华人民共和国婚姻法》（以下简称《婚姻法》）作出判决。《婚姻法》第 36 条第 3 款规定："离婚后，哺乳期内的子女，以随哺乳的母亲抚养为原则。哺乳期后的子女，如双方因抚养问题发生争执不能达成协议时，由人民法院根据子女的

---

〔1〕 参见广东省揭阳市榕城区人民法院（2014）揭榕法民一初字第 93 号民事判决书。

权益和双方的具体情况判决。"因司法实践中对于哺乳期的界定标准不一，常常使得法院无所适从。一方面，育儿观念的多元化使得部分夫妻抛弃了母乳喂养的单一选择；另一方面，个案中具体确定婴幼儿的哺乳期也难以把握。因此，《民法典》将"哺乳期内"修改为"不满两周岁"，可见量化的思路与选取的数值均对指导现实纠纷具有较为理想的可操作性。[1]但是，该条款的核心目的在于最大可能地保护未成年子女的利益。本案中的陆小某虽然未满两周岁，但双方当事人已经协议约定孩子的抚养权归陆某，该协议有效。而且自出生后孩子便与父亲陆某一起生活，且其父陆某的经济条件明显好于其母陈某，因此，法院考虑到由父亲陆某抚养更有利于孩子成长，将抚养权判给陆某是合理的。

【司法判例】

朱某甲与李某协议离婚，双方同城居住，约定未成年儿子朱某乙由朱某甲抚养，李某每月给付抚养费、每周末接走探望并送回，时间有变动另行商定。2020年初，朱某甲因工作调动，在未征得李某同意的情况下携朱某乙迁居至外地生活，双方就孩子抚养问题产生争议。李某担心环境变化、两地分隔导致自己无法及时探望陪伴朱某乙，向人民法院起诉，请求判决变更抚养关系。

法院认为，朱某乙已年满八周岁，依照《民法典》第1084条第3款的规定，法院征询了朱某乙的意见，其明确表示愿同朱某甲在外地生活。考虑到孩子在父母离婚后的抚养争议中将再度面临亲情的割裂，带来新的情感和心理创伤，法院在充分了解当事人情感需求及孩子心理状态基础上，坚持柔性司法，通过诚挚沟通、科学规划，最终促成双方达成最有利于未成年人的协商意见，即双方分段利用时间、异地共同抚养，双方共尽抚养义务，共同承担抚养费用。[2]

---

〔1〕 参见龙卫球主编：《中华人民共和国民法典婚姻家庭编与继承编释义》，中国法制出版社2020年版，第148-149页。

〔2〕 参见《第三批人民法院大力弘扬社会主义核心价值观典型民事案例》，载 https://www.court. gov.cn/zixun/xiangqing/390531. html，最后访问日期：2024年9月26日。

婚姻破裂，受伤害最大的通常是未成年子女。父母争夺抚养权的"战争"则可能再次将未成年子女拖入"斗争泥潭"，不利于其身心健康。本案以调解实现对未成年子女的最优保护，以柔性司法巧妙化解离异夫妻对孩子的异地抚养之争，为当前人口跨地域迁徙流动增多情况下解决离异夫妻异地抚养未成年子女问题探索出成功范例。通过异地共同抚养创新方案化解纠纷，让孩子在父母双方关爱和教育下健康成长，从而得到双重关爱和全面监护，有利于促进家庭和谐和社会稳定，有利于实现未成年人利益最大化目标，有利于弘扬和谐、文明、法治的社会主义核心价值观。

（四）课程思政

《民法典》中关于离婚后的父母子女关系的规定，体现了最有利于未成年子女原则。该原则是"儿童利益最大化原则"在我国婚姻家事立法中的体现。1989年联合国大会通过的《儿童权利公约》第3条第1款规定，各国的公私社会福利机构、法院、行政当局及立法机构，在执行一切涉及儿童的行动中，均应以儿童最大利益为首要考虑，首次明确了"儿童利益最大化原则"。[1]子女抚养权的归属问题一直是我国离婚纠纷的审判难点。长期以来，我国虽未在立法层面直接采用"儿童利益最大化原则"的提法，但在《中华人民共和国未成年人保护法》《婚姻法》《中华人民共和国收养法》《中华人民共和国刑事诉讼法》等领域均针对未成年人的保护作出了特别规定，并在婚姻家事审判实践中形成了优先保护未成年人的共识。《民法典》第1084条明确提出"按照最有利于未成年子女的原则判决"，是对司法共识予以的立法确认，凸显了《民法典》强化保护未成年人利益的亮点。

此外，《民法典》第1084条还在《婚姻法》的基础上，增加了尊重已满八周岁子女的真实意愿的规定。随着中国社会经济的发展和居民生活质量、受教育水平的提高，未成年人的认知能力和生理、心理成熟度显著提升。自《中华人民共和国民法总则》起，我国便将限制民事行为能力人的

---

〔1〕 参见曾皓：《儿童利益最大化原则在学前教育立法中的落实》，载《法学》2022年第1期。

年龄下限从十周岁修改为八周岁。限制民事行为能力人可以独立实施与其年龄、智力相适应的民事法律行为。抚养权的归属涉及子女根本利益，理应尊重未成年人的自主意识。统合尊重子女意愿的年龄限制与民事行为能力人的年龄限制，尊重年满八周岁的子女意愿，不仅有利于我国民事立法体系的逻辑自洽，更有利于在离婚纠纷中切实保护子女的合法权益。

未成年人是国家的未来、民族的希望，也是每个家庭的寄托。确保未成年人身心健康成长对国家的发展、社会的安定和家庭的幸福具有显著的意义。《民法典》在婚姻家庭编中通过新增规定，强化对未成年人受抚养权的保护，体现在婚姻家庭关系中最有利于未成年子女的原则，以法律制度为未成年人保驾护航，保护未成年人健康成长。

三、隔代探望权

（一）法条规定

《民法典》第 1086 条：离婚后，不直接抚养子女的父或者母，有探望子女的权利，另一方有协助的义务。

行使探望权利的方式、时间由当事人协议；协议不成的，由人民法院判决。

父或者母探望子女，不利于子女身心健康的，由人民法院依法中止探望；中止的事由消失后，应当恢复探望。

（二）规范解读

我国《民法典》仅规定了父母在离婚后对子女的探望权问题，而没有规定祖父母、外祖父母对孙子女、外孙子女的隔代探望权问题。本部分在课程思政的视角下，主要讨论隔代探望权在立法和司法实践中的问题。

在前《民法典》时代，探望权在《婚姻法》第 38 条有所规定，该条规定了离婚后不直接抚养子女的父亲或母亲的探望权制度，尊重了离婚后父母子女之间的伦理道德观念。但是，该条所规定的探望权主体仅限于离婚后不直接抚养子女的父或母，并不包括三代以内的长辈直系血亲祖父母与外祖父母。《婚姻法》中规定父母对子女的探望权具有一定的合理性，因为父母与子女是家庭关系中最为熟悉和亲密的家庭成员；但是在长期坚持独生子女政策的情况下，双职工家庭无法照料子女，经常由祖父母或外祖父母在闲暇之时照顾孙子女或外孙子女，形成了亲密的家庭关系；即使在父母离婚后，祖父母或外祖父母的探视问题可以附着在父母的探望权基础上实现探视的天伦之乐。但在实际情况中，却忽略了另一种可能，即父母一方死亡后，子女的抚养一般由丧偶一方承担，此时承受丧子女之痛的祖父母或外祖父母的探视需求就无法实现，由此引发了系列社会问题、司法实务与学术理论争议。

在司法实务中，祖父母、外祖父母对孙子女、外孙子女要求探视的情况屡有发生，该主张已经超出了法律规定的范围。因此，在学说理论中关于祖父母、外祖父母可否主张探望权的问题上也存有争议，主要有肯定说、否定说和折中说三种观点。肯定说认为，从中国家庭传统文化习俗、权利义务对等的内在要求等因素考量应予支持；否定说认为，"隔代探望"并非一种独立的权利形态，突破了法律的规定，同时道德义务不能混同于法律义务，因此不能予以扩张探望权主体；折中说则认为，对隔代探望权而言不能作绝对化的理解，而必须考虑类型化区分。[1]梳理现有的司法判例，持肯定说的有"全国首例隔代探望权"[2]"江苏首例隔代探孙权"[3]等，又如"刘某与吴某某、冯某探望权纠纷案"[4]"张某、秦某与陶某探望权纠纷案"[5]"上诉人赵某因与被上诉人刘某探望权纠纷案"[6]"冯某、陈某等与应某探望权纠纷案"[7]等案例中的祖父母、外祖父母的隔代探望权均得到支持。总体来看，隔代探望的肯定说是现阶段比较流行和广受支持的观点。

---

〔1〕　参见庄绪龙：《"隔代探望"的法理基础、权利属性与类型区分》，载《法律适用》2017年第23期。

〔2〕　庄绪龙：《"隔代探望"的法理基础、权利属性与类型区分》，载《法律适用》2017年第23期。

〔3〕　参见《江苏首例"隔代探望权"案终审宣判 失独老人重获"探孙权"》，载 https://www.chinanews.com/sh/2015/12-18/7677672.shtml，最后访问日期：2024年9月26日。

〔4〕　上海市第二中级人民法院（2020）沪02民终11029号民事判决书。

〔5〕　江苏省泰州市中级人民法院（2017）苏12民终1348号民事判决书。

〔6〕　河南省濮阳市中级人民法院（2013）濮中法民二终字第84号民事判决书。

〔7〕　江西省南昌市西湖区人民法院（2019）赣0103民初1692号民事判决书。

　　此外，在法院发布的各类规范性指导文件中，也多有提及隔代探望权问题。如 2015 年 12 月 24 日，最高人民法院发布的《关于当前民事审判工作中的若干具体问题》中认为，原则上应根据《婚姻法》的规定，将探望权的主体限定为父或者母，但是可以探索在特定情况下的突破，比如祖父母或外祖父母代替已经死亡或者无抚养能力的子女尽抚养义务时，可以赋予其探望权。在 2016 年 11 月 21 日最高人民法院关于印发的《第八次全国法院民事商事审判工作会议（民事部分）纪要》通知中也指出，祖父母、外祖父母对父母已经死亡或父母无力抚养的未成年孙子女、外孙子女尽了抚养义务，其定期探望孙子女、外孙子女的权利应当得到尊重，并有权通过诉讼方式获得司法保护。

　　在《民法典》编纂过程中，隔代探望权也是婚姻家庭编受关注的内容之一。祖父母、外祖父母的隔代探望问题曾在《中华人民共和国民法典（草案一审稿）》和《中华人民共和国民法典（草案二审稿）》中作了相应的规定[1]。但在 2019 年 10 月 22 日全国人大常委会对《民法典》婚姻家庭编（草案）进行第三次审议时删除了一审稿和二审稿中增设的隔代探望权条款。对此，全国人大宪法和法律委员会认为，"鉴于目前各方对此尚未形成共识，可以考虑暂不在民法典中规定，祖父母、外祖父母如与直接抚养子女的一方不能协商一致，可以通过诉讼由法院根据具体情况解决。"[2] 可见，草案删除隔代探望权条款并不能作出否定解释，也不意味着立法机关反对该制度，而是认为对该规则在编纂《民法典》过程中难以达成共识，所以可以由人民法院在司法实践中逐渐探索。因此，祖父母、外祖父母的隔代探望权在《民法典》时代仍有进一步讨论的价值。

　　立法机关对于隔代探望的规定慎之又慎，该问题的核心在于探望权的

---

　　[1] 《中华人民共和国民法典（草案一审稿）》第 864 条规定："祖父母、外祖父母探望孙子女、外孙子女的，参照适用前条规定。"《中华人民共和国民法典（草案二审稿）》第 864 条规定："祖父母、外祖父母探望孙子女、外孙子女，如果其尽了抚养义务或者孙子女、外孙子女的父母一方死亡的，可以参照适用前条规定。"

　　[2] 《全国人大常委会第十四次会议审议多部法律草案和报告》，载 http://politics. people. com. cn/n1/2019/1022/c1001-31412366. html，最后访问日期：2024 年 9 月 26 日。

本质、探望权的行使主体以及祖父辈直系长辈血亲在何种范围可享有探望权。首先，探望权本质上是父母子女关系中的一种延伸。在婚姻关系存续期间，父母与未成年子女在同个屋檐下一起生活、交流，未成年子女在父母的监护下健康成长。父母因离婚发生婚姻关系变动，仅父母之间的夫妻权利义务终止，并不影响父母与子女之间的关系，父母与子女之间仍然具有法律上的权利义务关系。所以，不直接抚养子女的父亲或母亲不仅具有抚养义务，依旧享有维系父母子女关系的会面、交往和短暂生活的权利，此种权利就是探望权。可见，探望权是一种特殊家庭形式的父母子女关系的体现。立法将探望权的行使主体限定为父母，也符合其本质。此时，祖父辈直系长辈血亲的探望问题可在不直接抚养子女的父亲或母亲行使探望权的基础上实现。因此，在离婚作为婚姻关系变动的情形时，祖父辈直系长辈血亲的探望无任何障碍。然而，父母的婚姻关系变动除离婚外，尚有因死亡而终止。事实上，一旦发生父母一方死亡的情形，在世父亲或母亲与其公婆或岳父母之间的姻亲关系也因死亡而终止，未成年子女一般而言由尚在世的父或母直接抚养，此时孙辈与祖父辈直系长辈血亲将发生物理上、空间上的分离。[1] 至于父母一方死亡，是否会导致祖父母、外祖父母与孙子女、外孙子女之间的权利义务发生变动，法律上并未对此作出明确回答，但我们通过体系解释可一窥法律的精神。《民法典》第 27 条、第 1074 条、第 1127 条分别规定了祖父母、外祖父母在监护、抚养和继承等方面的权利义务，且《民法典》第 1045 条明确规定祖父母、外祖父母与孙子女、外孙子女为近亲属的法律关系，可见父母一方死亡，不会导致祖父母、外祖父母与孙子女、外孙子女之间的权利义务终止。因此，从法律上来看，维系孙辈与祖父辈之间的亲情实属必要。

（三）案例素材

【司法判例】

徐某炳、王某烈的儿子徐某与洗某结婚后生育徐某承。2016 年 1 月 4

---

〔1〕 参见陈洁蕾主编：《法学课程思政教育教学案例．民商法卷》，同济大学出版社 2022 年版，第 180-181 页。

日，徐某突发疾病去世后，洗某独自抚养徐某承。2016 年 2 月 28 日，徐某炳与洗某签订书面协议，约定由徐某炳出资、以儿子徐某名义购买的两套房屋的租金由洗某代收，所收租金用于保障洗某及徐某承的生活、学习等费用之需。徐某炳、王某烈主张自从徐某去世以后两年多的时间里，洗某以各种理由拒绝徐某炳、王某烈探望孙子，遂向法院起诉，请求行使探望权。

法院认为，虽然法律规定的探望权仅限于父母子女之间，但从"法无禁止即可为"的原理理解，现行法律并未禁止祖父母、外祖父母对孙子女、外孙子女的探视。从社会公德、家庭伦理道德角度而言，祖父母、外祖父母探望其孙子女、外孙子女是人之常情、生活所需及精神所要。只要这种正常探望不影响未成年人健康成长，就应当予以支持。两原告已自愿将其可取得的租金收益交由被告作为徐某承的学习、生活费用，在一定程度上分担了被告的抚养责任，应视为两原告在现有的条件下对徐某承承担抚养责任的方式。因此，两原告要求定期探视徐某承的诉求，应予以支持。参考原被告对探望时间的意见及徐某承的生活、学习情况，酌定两原告可每月探望徐某承两次（每次为周末一天，由两原告于上午 9 时在徐某承住处将其接走，当日晚上 8 时负责送回），被告应予协助。望日后双方为徐某承的健康成长多作考虑，一方面原告在行使探视权时应遵守本案所确定的时间从而减少被告的顾患，另一方面被告也应给予相应的配合，双方共同努力才能使徐某承真正体会到祖父母的关怀与爱护，也可在一定程度上减轻因父亲离世而对其产生的不良影响。[1]

【司法判例】

沙某之子丁甲与袁某系夫妻关系，丁甲与袁某于 2018 年 1 月 3 日生育双胞胎男孩丁乙、丁丙。同年 7 月 28 日，丁甲去世。丁乙、丁丙一直与母亲袁某共同生活。沙某多次联系袁某想见孙子，均被袁某拒绝。沙某遂向

---

〔1〕 参见广州中院研究室：《广州法院弘扬社会主义核心价值观十大典型案例（三）》，载 https://www.gzcourt.gov.cn/ck487/ck581/2022/03/24155046467.html，最后访问日期：2024 年 9 月 26 日。

法院起诉，请求每月探望孙子两次。

法院认为，《民法典》第1086条规定了不直接抚养子女的父亲或者母亲享有探望权，对祖父母或者外祖父母等其他近亲属是否享有探望权未作规定。祖父母与孙子女的近亲属身份关系，不因子女离婚或去世而消灭。本案中，沙某老年丧子，其探望孙子是寄托个人情感的需要，是保障未成年孙子健康成长的需要，是祖孙之间亲情连接和延续的重要方式，袁某应予配合。法院从有利于未成年人成长、不影响未成年人正常生活、促进家庭和谐的原则出发，判决沙某每月第一个星期探望丁乙、丁丙一次，每次不超过两小时，双方探望前做好沟通，袁某应予配合。[1]

（四）课程思政

习近平总书记指出，中华民族自古以来就重视家庭、重视亲情。家庭是社会的细胞，家庭和谐是社会和谐的基础。家和万事兴、天伦之乐、尊老爱幼、贤妻良母、相夫教子、勤俭持家等，都体现了中国人的这种观念。探望权是亲权的延伸，是基于父母与子女之间特定身份关系而衍生出来的，是为了保护子女的利益而设定的权利，是血缘关系中的固有亲情之体现。法律规定虽然未明确将探望权的外延延伸至祖父母和外祖父母，但在子女健在的情况下，祖父母和外祖父母可以通过子女的探望权实现探望孙子女和外孙子女的目的；在子女死亡的情况下，允许丧子老人进行隔代探望，符合社会主义核心价值观和我国传统家庭伦理、社会道德，有益于慰藉老人情感和促进孩子健康成长，体现了司法的温度，实现了良法善治。

法律的价值在于以公正、和谐的理念评判社会生活中不断涌现的权益需求并对合理的权益加以确认和保护。含饴弄孙、承欢膝下，是人们最朴素的理想情怀之一。爷孙血脉相承，祖父母、外祖父母探望孙子女、外孙子女合情合理，其权利理应得到尊重和保障。隔代探望对于丧子老人是一种慰藉，也不影响孩子健康成长。支持隔代探望权兼具情理与法理，符合我国传统家庭伦理和社会道德观念，体现了中国法治的人文关怀。

---

〔1〕 参见《第三批人民法院大力弘扬社会主义核心价值观典型民事案例》，载 https://www.court.gov.cn/zixun/xiangqing/390531.html，最后访问日期：2024年9月26日。

四、离婚经济补偿

(一) 法条规定

《民法典》第 1088 条：夫妻一方因抚育子女、照料老年人、协助另一方工作等负担较多义务的，离婚时有权向另一方请求补偿，另一方应当给予补偿。具体办法由双方协议；协议不成的，由人民法院判决。

(二) 规范解读

《民法典》第 1088 条是对离婚经济补偿的规定。在离婚时，应当肯定家务劳动、事业支持等不便以金钱量化的家庭贡献价值，将相应的经济补偿视为对夫妻共同财产制的补充。世界范围内，家务劳动价值也得到了很多国家的认可。[1]有观点质疑，相较于采取分别财产制的国家，我国的夫妻共同财产制相当于已经对较多承担家务劳动、事业支持等义务的弱势方进行了"补偿"，为何还要借助离婚经济补偿制度予以"二次补偿"？应当注意到，将重心更多放在工作的一方在离婚后能够获得重大的发展潜力；而更多照顾家庭的一方虽然可以获得一半的夫妻共同财产，但其离婚后职业发展的能力更差、潜力更弱。[2]从这个角度来看，离婚经济补偿制度不妨为对我国夫妻共同财产制的合理补充。

《民法典》出台之前，根据《婚姻法》第 40 条规定，夫妻书面约定分别财产制是适用离婚经济补偿的前提条件。然而，受到社会文化传统和普遍婚姻观念的影响，我国司法实践中书面约定夫妻分别财产制的情形极少。有关统计显示，《婚姻法》第 40 条的适用率明显偏低。法院在面对类似情形的案件时，或是以弱势方的利益为牺牲而判决驳回要求离婚经济补偿的

---

〔1〕 例如，《法国民法典》规定离婚经济补偿的适用范围包括"一方配偶为另一方配偶从事的职业活动给予了无偿的合作，因而本身受到了财富上的损失""妻子因丧失机遇而请求给予补偿性给付"等情形。《瑞士民法典》规定"夫妻一方所给予他方职业上或营业上的协助，显著超过其对家庭生计应为之贡献者，得请求他方给付适当的补偿金。夫妻一方以其个人收入或财产用于家庭生计，显著超过其应为之贡献者，亦同"。参见《法国民法典》（上册），罗结珍译，法律出版社 2005 年版，第 248-249 页。《瑞士民法典》，戴永盛译，中国政法大学出版社 2016 年版，第 63 页。

〔2〕 参见龙卫球主编：《中华人民共和国民法典婚姻家庭编与继承编释义》，中国法制出版社 2020 年版，第 159 页。

当事人的诉讼请求，或是根据案件实际情况突破法条文义的限制，经过目的性扩张解释后才得以适用。[1]我国绝大多数家庭都采取了法定的共同财产制，约定分别财产制的家庭数量极少，导致《婚姻法》第40条的规定由于缺少基础性前提条件而无法发挥应有的作用。《民法典》第1088条删除了离婚经济补偿对夫妻财产制类型的要求，在夫妻关系存续期间，无论双方采取的是法定共同财产制还是约定了分别财产制，如果一方在婚姻中相比另一方对家庭负担了更多的义务，均有权利在离婚时请求补偿。《民法典》通过这一改动，拓宽了离婚经济补偿制度的适用范围，使其由特别请求权变为一般性请求权，这既是对我国婚姻家庭理念现状的尊重，是对离婚纠纷弱势方权益的有效保障，也是对法律实用性、严肃性的维护。

本条列举了抚育子女、照料老人、协助另一方工作等作为承担较多义务的一方可提出经济补偿的情形。当然，离婚经济补偿的适用情形并不局限于以上三个方面，为家庭利益而承担的义务均应在此之列。一切家务劳动，包括为自己和家人最终消费所进行的准备食物、打扫住所环境、清洗整理衣物、购物等无酬家务劳动，以及对家庭成员提供的无酬照料与帮助活动等所有内容。[2]这些家庭事务遍布生活的方方面面，但却无法通过市场价值直接衡量，根据权利义务相一致原则，负担较多义务的一方应当得到适当的补偿。判断一方是否承担了较多义务，应结合一方在家庭义务上付出的时间成本、精力成本以及获得的效益等多方面因素，综合进行衡量。

（三）案例素材

【司法判例】

梁某、李某于2017年11月结婚，并于2018年10月生育一女。双方婚后因生活琐事经常发生矛盾，李某于2021年4月带女儿回到其母亲家中居住，双方开始分居。梁某认为夫妻双方感情已经破裂，遂诉至法院，请求

---

〔1〕　参见陈颖：《家务劳动补偿制度的实践反思与制度调适》，载《人民司法》2015年第21期。
〔2〕　参见吴燕华：《居民家务劳动时间经济价值研究——以杭州市为例》，载《吉林工商学院学报》2015年第3期。

判决双方离婚，女儿归梁某抚养。在审理过程中，李某表示同意离婚，请求法院判决女儿由其抚养，并提出因怀孕和照顾年幼的孩子，其婚后一直没有工作，要求梁某向其支付家务补偿款 20 000 元。法院经审理后判决：准予双方离婚；女儿由李某直接抚养，梁某每月支付抚养费 1000 元并享有探望权；梁某一次性支付给李某家务补偿款 10 000 元。[1]

本案中，李某在结婚前与母亲一起经营餐饮店，婚后因怀孕和抚育子女负担较多家庭义务，未再继续工作而无经济收入，离婚时梁某应当给予适当的经济补偿。法院依据《民法典》第 1088 条之规定，并结合双方婚姻关系存续的时间、已分居的时间及梁某的收入情况等因素，酌定经济补偿金额，合情合理合法。

【司法判例】

尹某与张某于 1987 年自愿登记结婚，婚后生育两个孩子张乙和张丙，均已成年。尹某于 2005 年 2 月离家外出，2005 年至 2007 年间偶尔回家几天，2007 年在家 3 个月左右，之后就外出未归。尹某起诉离婚，要求分割共同财产。张某不同意离婚，称如果尹某坚持要求离婚，则要求分得全部夫妻共同财产，并要求尹某补偿生活费 150 000 元。法院认为，尹某与张某夫妻感情确已彻底破裂，故支持双方离婚。此外，张某在家依靠耕作农业，操持家庭，抚育子女成人，确实付出较多义务。因此判决准予离婚，双方婚姻关系存续期间的共同财产全部归张某所有，由尹某一次性补偿张某生活费 26 000 元。[2]

本案中，尹某多年离家在外，没有尽到妻子对家庭的照顾义务和母亲对孩子的抚养义务，张某承担了较多的照顾家庭和子女的义务，因此，法院判决尹某作出补偿是合理的。民法典中关于婚姻中付出较多义务的一方离婚时有权向另一方请求补偿的规定，主要是对一方所付出义务的一种肯

---

〔1〕 参见《广东高院发布贯彻实施民法典典型案例》，载 https://www.gdcourts.gov.cn/xwzx/gdxwfb/content/post_1047259.html，最后访问日期：2024 年 9 月 26 日。
〔2〕 参见云南省寻甸回族彝族自治县人民法院（2015）寻民初字第 565 号民事判决书。

定，使其得到精神上的抚慰和财产上的补偿。

（四）课程思政

尊老爱幼，妻贤夫安，是中华民族的传统家庭美德，是流淌在中国人血脉中的良好家风基因，是家庭文明建设的宝贵精神财富。在传统中国式家庭中，由于女性长期承担着生育、赡养等家庭任务，需要做好"贤内助"工作，更有甚者需要牺牲个人生活和工作来协助男性的工作。因此，一个特殊职业——"家庭妇女"产生，料理好家庭事务便是其主要工作职责。当婚姻关系破裂时，家庭妇女因为没有独立的收入来源，没有足够的经济能力抚养子女，致使争取抚养权时亦欠缺优势。保护妇女合法权益是新中国法治建设进程中维护家庭文明建设十分重要的一环，离婚时家庭妇女享有补偿请求权可有效保障其合法权益不受损害，同时也肯定了家务劳动的价值。

家务劳动的价值是否能与一般劳动价值对等，是夫妻双方应当思考的问题。首先，应当肯定家务劳动并不是无价值的，无论是哪一方承担家务劳动都应当得到社会的平等对待。其次，推动全社会性别平等，不将"家庭妇女""家庭妇男"视为无业群体，尊重其在家庭生活中承担的角色，尊重其在家庭生活中的付出。最后，村委会、居委会作为基层群众自治组织在调解家庭矛盾纠纷时应当在尊重夫妻双方的前提下开展工作，婚姻登记部门、法院应当做到不戴有色眼镜看待夫妻任何一方而去开展调解、诉讼等工作。[1]

习近平总书记指出，"家庭是人生的第一个课堂"。时代的变化和经济的发展都不会改变家庭的社会功能，都不容忽视家庭的文明作用。"家是最小国，国是千万家"，重视家庭文明建设，让千千万万的普通家庭成为国家发展、民族进步、社会和谐的重要基石。家庭稳定是社会稳定的重要组成部分，推进家务劳动补偿制度的落实，对维护社会稳定、弘扬良好风气，具有不可替代的积极意义。

---

〔1〕　参见叶晓彬等主编：《法学专业课程思政教学案例研究》，中国政法大学出版社 2023 年版，第 89 页。

第八章

民法典继承编课程思政教学设计

第一节　教学设计基本思路

通过对《民法典》继承编中具体法律条文及其规范进行解读，结合司法判例、法律制度的历史沿革等素材资料，学生在学习继承权男女平等原则、代位继承、遗产酌给制度、继承权的丧失与宽宥等继承法律知识的同时，引导学生发掘民法典制度背后的平等、和谐、友善等社会主义核心价值观，自觉践行和弘扬家庭美德。

表 8-1

序号	对应知识点	课程思政结合点	说　明
1	继承权男女平等原则	引导学生树立男女平等的价值观。	结合司法判例和我国促进男女平等的发展历史，使学生将男女平等的价值观内化于心、外化于行，促进社会文明进步。
2	代位继承	引导学生弘扬友善、和谐的社会主义核心价值观。	结合典型的司法判例，使学生理解我国《民法典》将代位继承范围扩大的规定对于引导人们重视亲情、鼓励亲属间相互扶助、维护社会的和谐与稳定的积极意义。
3	遗产酌给制度	引导学生理解社会主义法治的人文关怀。	结合司法判例，使学生理解遗产酌给制度如何体现法律的温度，并引导学生弘扬尊老为德、敬老为善、助老为乐、爱老为美的社会主义友善文化和中华民族传统美德。

续表

序号	对应知识点	课程思政结合点	说　明
4	继承权的丧失与宽宥	引导学生树立家庭文明与和谐的理念。	结合典型的司法案例，让学生认识到法律的价值导向，以及法律在维护社会的道德人伦和家庭秩序方面的重要作用，并引导学生重视家庭文明建设，自觉践行弘扬家庭美德。

第二节　教学设计典型课例

一、继承权男女平等原则

（一）法条规定

《民法典》第 1126 条：继承权男女平等。

（二）规范解读

本条是关于继承权男女平等原则的规定。虽然整个条文仅有短短的几个字，但其却是在《中华人民共和国继承法》中贯穿始终的最重要的原则，故而立法者将其放在"法定继承"章的第一条，以彰显其基础性意义。继承权男女平等既是对私有制的古代及近代社会中男女不平等的继承制度的根本否定，也是对《中华人民共和国宪法》确认的男女平等原则以及国家在遗产继承问题上的法律、政策的贯彻落实。

继承权男女平等具体体现在以下几个方面：第一，同一顺序的继承人不论男女，他们的继承权都是平等的，不因性别不同而权利歧异。凡为同一顺序的继承人，不分男女、长幼，也不论职业、政治状况，继承被继承人遗产的权利一律平等。儿子与女儿、父亲与母亲、兄弟与姐妹、祖父与祖母、外祖父与外祖母，只要没有被依法剥夺财产继承权，都享有平等的继承权。在同一法定继承顺序中，继承份额也应男女平等。第二，在遗嘱继承中，公民可以设立遗嘱处分个人财产，无论男女都有权按照自己的意愿设立遗嘱处分自己的财产；同时，遗嘱继承人也不因性别不同而权利不同，妇女和男子都可以平等地作为遗嘱继承人或者受遗赠人。第三，在代位继承和转继承问题上男女平等。代位继承既适用于父系血亲，也适用于母系血亲，在确定代位继承时，凡适用男性的代位继承，同样也适用于女性，被继承人的子女先于被继承人死亡的，由被继承人的子女的晚辈直系血亲代位继承，凡是父系继承人有权代位继承的，母系继承人也有权代位继承。转继承的情况也大体相同。儿子先于父亲死去，孙子女有代替其父继承祖父遗产的权利；同样，女儿先于父亲死去，外孙子女也有代替其母继承外祖父遗产的权利。第四，夫妻在继承上有平等的权利，有相互继承遗产的权利，夫妻在婚姻关系存续期间所取得的财产为夫妻共同所有。在实际生活中，往往把夫妻共同财产当成丈夫的个人遗产，没有先将属于妻子的财产分出，直接由丈夫的子女、父母和妻子共同继承遗产。这实际上是侵犯了妻子个人财产所有权，把属于妻子个人所有的财产也当成丈夫的遗产共同继承，该种做法违反法律规定。夫妻是共同生活的伴侣，配偶之间无论是哪一方，都享有继承权。夫妻一方死亡后，应先将共同所有的财产的一半分出归仍在世的配偶所有，其余的财产才为被继承人的遗产。

（三）案例素材

【司法判例】

杨甲（女）与杨乙系姐弟关系，杨乙与张某系夫妻关系。杨甲与杨乙的父母去世时遗有平房一处，该平房于 2013 年以杨乙名义拆迁，于 2015 年安置了三处房屋，其中一处登记在杨乙名下，另外两处均登记在张某名下。杨甲向杨乙要求继承房产遭到拒绝，遂向法院提起诉讼，要求继承父母二分之一的遗产。二人的父母生前未立遗嘱，其他有继承权的继承人亦均表示放弃继承。庭审中，杨乙辩称按农村习俗，房产都是给儿子留的，不能分给杨甲。

法院认为，被继承人生前未立遗嘱，故其遗产应按照法定继承办理。对于被继承人的遗产，作为被继承人女儿的杨甲，与作为被继承人儿子的杨乙，依法享有同等的继承权利，杨乙关于女儿不能继承遗产的抗辩主张，缺乏法律依据，故依法判决支持了杨甲的诉讼请求。[1]

本案是人民法院依法保障妇女平等继承权利的典型案例。我国历史上，女性的继承权利长期遭受限制。这种理念虽与现代社会的发展要求格格不入，但仍然一定程度地存在。本案中，杨乙以其姐姐杨甲是女性为由，拒绝其继承父母遗产，不仅是对男女平等原则的漠视，也侵犯了杨甲的继承权。人民法院通过依法裁判，旗帜鲜明地维护了杨甲的合法继承权利，对于促进移风易俗、宣传弘扬社会主义法治精神，具有积极意义。

【历史沿革】

在中国长期的奴隶社会和封建社会中，上层建筑中的主要因素是宗法制度。所谓宗法制度，实质上是原始父系氏族的血缘结构在阶级社会中的转化形态。而宗法制度在继承方面的集中表现就是宗祧继承制度。在宗祧继承制度下，最主要的特点是男女不平等，只有男子有继承权，女子没有继承权。这种状况延续了几千年。辛亥革命虽然推翻了帝制，但没有推翻作为它的社会基础的封建制度，没有废止封建的宗祧继承制度。在国民政府制定的民法继承编中，虽然废除了宗祧继承制度，规定男女继承权平等，但是没有也不可能贯彻实行，社会上继承权男女不平等的现象依然普遍存在。

在中国共产党领导的长期的新民主主义革命中，男女平等、保护妇女权利，是作为反封建革命纲领的一项重要内容被提出来的，中国共产党为此进行了不懈的斗争。早在 1922 年，党的第二次代表大会宣言中，就提出"废除一切束缚女子的法律，女子在政治上、经济上、社会上、教育上，一律享受平等的权利"。在革命根据地制定的有关法规中，都以男女平等作为基本原则之一。在 1940 年 8 月，原中共中央北方分局颁布的《关于晋察冀边区目前施政纲领》中更明确地规定，妇女依法享有财产的继承权。1945年 3 月 31 日冀鲁豫行署在《关于女子继承等问题的决定》的指示中也规

---

[1] 参见《天津高院发布保护妇女合法权益典型案例》，载 https://tjfy. tjcourt. gov. cn/article/detail/2022/03/id/6563114. shtml，最后访问日期：2024 年 9 月 26 日。

定，遗产继承女子与男子有平等之权利。[1]中华人民共和国成立后，历次宪法都规定妇女在政治、经济、文化、社会和家庭生活等各方面享有同男子平等的权利，规定国家保护妇女的权益。当时虽然还没有制定继承法，但在民事政策和民事审判中都把男女继承权平等作为一项基本原则。[2]

受几千年来的封建宗法思想、男尊女卑、重男轻女等封建思想的影响，在继承问题上还存在歧视妇女的现象。有些人自觉或不自觉地存在着重男轻女、男尊女卑的旧习惯、旧意识，特别是在农村，女性的继承权往往不能很好实现，丧偶妇女的继承权得不到保障，丧偶妇女带产再嫁往往遭到无理阻挠，对她们的继承权往往采取漠视与否定的态度。针对这种情况，为切实保障妇女的继承权，1985 年制定的《中华人民共和国继承法》明确规定继承权男女平等。《民法典》继承编延续这一理念，在法定继承一章中首先强调公民作为继承人，不分性别平等地享有继承权。

（四）课程思政

男女平等是我国宪法确立的一项重要原则。《民法典》第 1126 条规定继承权男女平等，正是这一宪法原则在继承领域的具体体现，也是我国社会主义继承制度的重要特征。

男女平等是马克思主义妇女观的集中体现，是社会主义核心价值观的重要组成部分，也是党领导下的妇女运动始终遵循的价值原则和坚持不懈的价值追求。中国共产党自成立之日起，就把促进妇女解放、实现男女平等作为自己的奋斗目标之一，把妇女工作作为党的工作的一个重要方面。新中国成立 70 多年来，党和政府始终秉承男女平等的价值理念，综合运用法律、政策、行政、教育、宣传等手段推动男女平等、促进妇女发展，使传统文化中落后腐朽的性别不平等观念受到抵制。改革开放后，我国制定实施了男女平等基本国策，将平等确定为社会主义核心价值观的基本内容之一，使男女平等价值观成为社会主义核心价值观的题中应有之义。男女

---

〔1〕 参见熊乐之、魏志奇：《党领导妇女解放运动的百年历程和历史经验》，载《理论界》2023 年第 9 期。

〔2〕 参见李由义：《男女平等是我国继承法的一项基本原则》，载《法学》1985 年第 5 期。

两性在社会和家庭中相互尊重、平等相待、和谐相处、共担责任、共同发展等价值理念是男女平等基本国策的价值观基础。[1] 夯实这一价值基础,使男女平等价值观内化于心、外化于行,促进社会文明进步,增进家庭和谐幸福,不仅有利于男女平等基本国策的贯彻和落实,而且有利于社会主义核心价值观的培育和践行。男女平等价值观,既关系到我国基本国策的贯彻落实,关系到中国妇女运动的创新发展,也关系到社会主义核心价值体系的丰富和完善。因此,应把男女平等价值观融入社会主义核心价值体系建设的全过程,从性别平等角度为践行社会主义核心价值观贡献力量。

二、代位继承

(一) 法条规定

《民法典》第 1128 条:被继承人的子女先于被继承人死亡的,由被继承人的子女的直系晚辈血亲代位继承。

被继承人的兄弟姐妹先于被继承人死亡的,由被继承人的兄弟姐妹的子女代位继承。

代位继承人一般只能继承被代位继承人有权继承的遗产份额。

(二) 规范解读

《民法典》第 1128 条规定代位继承制度。代位继承,又称间接继承、承租继承、代袭继承,是指被继承人的子女先于被继承人死亡时,由被继承人子女的晚辈直系血亲代替先死亡的长辈直系血亲继承被继承人遗产的行为;在被继承人无配偶、子女、父母继承其财产,被继承人的兄弟姐妹又先于被继承人死亡时,由被继承人兄弟姐妹的子女代替先死亡的父母继承被继承人遗产的一项法定继承制度。

《中华人民共和国继承法》第 11 条规定,被继承人的子女先于被继承人死亡的,由被继承人的子女的晚辈直系血亲代位继承。该条规定将被代位人的范围仅限定于被继承人的子女,是因为从我国当时的国情看,每个

---

〔1〕　参见全国妇联课题组:《夯实男女平等基本国策的价值观基础》,载 http://theory. people. com. cn/BIG5/n/2014/1011/c40531-25809824. html,最后访问日期:2024 年 9 月 26 日。

家庭的本支内人丁兴旺，有足够的人轮流照顾被继承人。基于亲属关系亲疏远近的考虑，为了防止本支系遗产流入他支，保护本支晚辈直系血亲的利益而作出了被代位人范围较小的规定。很多学者认为，应扩大代位继承中被代位人的范围，理由是大多数国家立法中被代位人的范围不限于被继承人之子女；我国民间存在侄子女、外甥子女继承的传统；我国 30 多年的独生子女政策导致大量家庭只有一个子女，实际上缩小了法定继承人的范围。[1]《民法典》采纳了该观点，将代位继承中代位人的范围扩充至被继承人的兄弟姐妹的子女。

（三）案例素材

【司法判例】

被继承人王某、李某夫妇婚生王甲、王乙、王丙、王丁、王戊五名子女。王丙早于被继承人死亡，无配偶和子女。王乙早于被继承人死亡，有配偶和婚生子女王 A、王 B 和王 C。王乙之妻在王乙死亡后带着三名子女改嫁，但在被继承人李某在世时，仍经常来往，关心、照顾其生活。被继承人李某死亡时，王 A 与王甲、王丁、王戊共同料理丧事，李某遗留的房屋由王甲、王戊和案外人周某分别居住。王 A 以要求代位继承被继承人所遗房产为由提起诉讼。一审法院认为，王甲、王丁、王戊三被告与原告王 A 对被继承人都尽了赡养义务，均是合法继承人，遂判决将被继承人所遗房产由三被告与原告平均继承。王甲等二人以王 A 之父对被继承人未尽赡养义务，王 A 兄妹系晚辈血亲、无权继承被继承人的遗产为由提起上诉。二审法院认为，被上诉人王 A 之父王乙虽然先于被继承人死亡，但在生前对被继承人尽到了赡养义务，应享有继承权。被上诉人王 A 是王乙的晚辈直系血亲，依法有权代位继承其父应得的遗产份额。遂维持原判。[2]

---

〔1〕 参见孟令志：《代位继承权取得应采"固有权说"》，载《中国社会科学报》2012 年 7 月 18 日，第 A07 版。

〔2〕 参见龙卫球主编：《中华人民共和国民法典婚姻家庭编与继承编释义》，中国法制出版社 2020 年版，第 287-288 页。

【司法判例】

被继承人苏甲于 2018 年 3 月死亡，其父母和妻子均先于其死亡，生前未生育和收养子女。苏甲的姐姐苏乙先于苏甲死亡，苏甲无其他兄弟姐妹。苏 A 系苏乙的养女。李某田是苏甲堂姐的儿子，李某禾是李某田的儿子。苏甲生前未立遗嘱，也未立遗赠扶养协议。上海市徐汇区华泾路某弄某号某室房屋的登记权利人为苏甲和李某禾，二人共同共有。苏甲的梅花牌手表 1 块及钻戒 1 枚由李某田保管中。苏 A 提起上诉，请求依法继承系争房屋中属于被继承人苏甲的产权份额，及梅花牌手表 1 块和钻戒 1 枚。

法院认为，当事人一致确认苏甲生前未立遗嘱，也未立遗赠扶养协议，故苏甲的遗产应由其继承人按照法定继承办理。苏 A 系苏甲姐姐苏乙的养子女，在苏乙先于苏甲死亡且苏甲的遗产既无人继承又无人受遗赠的情况下，根据《最高人民法院关于适用〈中华人民共和国民法典〉时间效力的若干规定》第 14 条，适用民法典第 1128 条第 2 款和第 3 款的规定，苏 A 有权作为苏甲的法定继承人继承苏甲的遗产。另外，李某田与苏甲长期共同居住，苏甲生病在护理院期间的事宜由李某田负责处理，费用由李某田代为支付，苏甲的丧葬事宜也由李某田操办，相较苏 A，李某田对苏甲尽了更多的扶养义务，故李某田作为继承人以外对被继承人扶养较多的人，可以分得适当遗产且可多于苏 A。对于苏甲名下系争房屋的产权份额和梅花牌手表 1 块及钻戒 1 枚，法院考虑到有利于生产生活、便于执行的原则，判归李某田所有，并由李某田向苏 A 给付房屋折价款人民币 60 万元。[1]

（四）课程思政

"老有所依"是老年生活的美好期许，但是当今家庭中出现许多老无所依现象，子女对父母的赡养义务履行不到位，出现其他近亲属履行较多赡养义务的情形。当被赡养人去世，为了保障血缘家族内部的财产流转稳定性，处理遗产时大部分人都是排外而愿意接受有血缘关系的亲属。《民法

---

〔1〕　参见《人民法院贯彻实施民法典典型案例（第一批）》，载 https://www.court.gov.cn/zixun/xiangqing/347181.html，最后访问日期：2024 年 9 月 26 日。

典》新设了被继承人的兄弟姐妹的子女享有代位继承权，这一制度既符合我国民间传统，也符合当今社会的现实需求。

在我国，代位继承制度最早确立于1985年的《中华人民共和国继承法》。随着我国计划生育政策30多年的推行，20世纪80年代出生的独生子女一代已经成为社会的中坚力量，虽然我国已经放开了二孩甚至三孩政策，但随着妇女受教育水平的提高、生活压力的不断增大、结婚年龄的不断推后，年青一代的生育欲望并不强烈，中国家庭普遍出现了倒金字塔型结构，与1985年《中华人民共和国继承法》立法时的社会背景已经有了很大的不同。[1]若不扩大被代位人的范围，可能会出现独生子女丧失继承权后被继承人的遗产无人可继、收归国家的结果。对于被继承人而言，兄弟姐妹是其最近的旁系血亲，兄弟姐妹的子女也与被继承人较为亲近，在被继承人的独生子女先于其死亡且没有晚辈直系血亲可以继承遗产的情况下，基于对养老送终的考虑，大多数人第一时间会想到与他们存在血缘关系的侄子女、外甥子女等，被继承人也比较倾向于将自己的遗产留给他们。《民法典》增加"被继承人的兄弟姐妹先于被继承人死亡的，由被继承人的兄弟姐妹的子女代位继承"的规定，将兄弟姐妹纳入被代位人的范围，可以保障私有财产在血缘家族内部的流转，减少产生无人继承的状况，同时促进亲属关系的发展，加强亲属之间的交流与沟通，还能引导人们重视亲情，鼓励亲属间相互扶助、养老育幼、共同守望，进而减少家族矛盾，维护社会的和谐与稳定。

三、遗产酌给制度

（一）法条规定

《民法典》第1131条：对继承人以外的依靠被继承人扶养的人，或者继承人以外的对被继承人扶养较多的人，可以分给适当的遗产。

（二）规范解读

《民法典》第1131条是关于继承人以外的人酌情分得遗产的规定。继

---

〔1〕 参见最高人民法院民法典贯彻实施工作领导小组主编：《中华人民共和国民法典婚姻家庭编继承理解与适用》，人民法院出版社2020年版，第534页。

承人以外的人，是指继承人以外的依照继承的法律规定取得被继承人遗产的自然人。对继承人以外的依靠被继承人扶养的人或对被继承人扶养较多的人，在继承开始以后，按照一定的原则分给适当遗产的制度称为遗产酌给制度。该制度是我国立法机关基于死后扶养之思想以及鼓励赡养老人的传统美德，允许依靠被继承人扶养的人以及对被继承人扶养较多的未能继承遗产的人适当分得遗产。

　　本条指出有两种继承人以外的人，可以分得适当的遗产。第一种是依靠被继承人生前扶养的人。所谓依靠被继承人扶养，是指特定亲属之间根据法律的明确规定而存在经济上的相互供养、生活上的相互扶助的权利义务关系。这种扶养关系的主体是法律明确确定的相互存在扶养权利义务的具有亲属身份的人，具有法定性，不允许凭借当事人的意志进行自由选择和变更。一般情况下，除夫妻之间的扶养和父母子女之间的扶养外，还存在直系姻亲之间、二亲等之外的旁系血亲之间的扶养。[1] 在我国，扶养关系主要包括夫妻之间的扶养、父母子女之间的扶养、祖孙之间的扶养和兄弟姐妹之间的扶养。其中，配偶、子女、父母均为法定继承中第一顺位继承人，可以直接作为继承人继承遗产，因此不存在适用本条规定的条件。而祖父母、外祖父母、孙子女、外孙子女、兄弟姐妹，如果因第一顺位继承人的原因不能作为继承人或代位继承人继承被继承人的遗产，例如父母过世后"长兄如父"，由大哥扶养年幼的弟弟，而大哥去世时有作为第一顺序继承人配偶和子女继承其遗产。此种情况下，可以分给受被继承人扶养的人适当的遗产以满足其基本生活需要，这也符合被继承人的生前意愿，有利于保护弱势群体的相关权益，促进家庭及社会的和谐稳定。第二种是对被继承人生前扶养较多的人。即在被继承人生前对其在经济上资助、生活上扶助的继承人之外的自然人。该扶养人必须是继承人以外的人，对被继承人进行了事实上的扶养，尽到的扶养义务较多，同时未受到相当的遗赠。这种扶养不是法律上必须履行的义务，而是出于道德心，自觉自愿提

────────────

　　[1]　参见最高人民法院民法典贯彻实施工作领导小组主编：《中华人民共和国民法典婚姻家庭编继承编理解与适用》，人民法院出版社 2020 年版，第 547 页。

供的帮助。给予此类人分得遗产的权利，能够适应社会发展的需要，使那些没有继承名分，但与被继承人关系密切，对被继承人晚年生活给予关心照顾，使被继承人愉快度过晚年的人，如未履行登记手续而以夫妻名义同居生活的人，能够得到应该得到的一份遗产，这一规定充分体现了法律对赡养老人、扶残济困等传统美德的肯定和鼓励。

（三）案例素材

【司法判例】

高某与李某分别系高某翔的祖父母，高某翔没有工作，专职照顾高某与李某生活直至二人去世，高某与李某后事由高某翔出资办理。高某与李某去世前立下代书遗嘱，主要内容为因高某翔照顾老人，二人去世后将居住的回迁房屋送给高某翔。高甲、高乙、高丙为高某与李某的子女，案涉回迁房屋系高某、李某与高甲交换房产所得。高甲、高乙、高丙认为案涉代书遗嘱的代书人是高某翔的妻子，且没有见证人在场，遗嘱无效。高某翔以上述三人为被告提起诉讼，请求确认高某、李某所立案涉遗嘱合法有效，以及确认其因继承取得案涉回迁房屋的所有权。

法院认为，高某翔提供的代书遗嘱因代书人是高某翔的妻子，在代书遗嘱时双方是恋爱关系，这种特殊亲密的关系与高某翔取得遗产存在身份和利益上的利害关系，属于法律规定的禁止代书人，因此其代书行为不符合代书遗嘱的法定形式要求，应属无效。本案应当按照法定继承进行处理。高某翔虽然不是法定第一顺序继承人，但其自愿赡养高某、李某并承担了丧葬费用，根据法律规定，继承人以外的对被继承人扶养较多的人，可以分配给他们适当的遗产，高某翔可以视为第一顺序继承人。高某翔虽没有赡养祖父母的法定义务，但其能专职侍奉生病的祖父母多年直至老人病故，使老人得以安享晚年，高某翔几乎尽到了对高某、李某两位被继承人生养死葬的全部扶养行为，这正是良好社会道德风尚的具体体现，并足以让社会、家庭给予褒奖。而本案其他继承人有能力扶养老人，但仅是在老人患病期间轮流护理，与高某翔之后数年对患病老人的照顾相比，高甲、高乙、高丙的行为不能认为尽到了扶养义务。据此，高某翔有权获得与其巨大付出相适应的继承案涉回迁房屋的权利。[1]

【司法判例】

被继承人陈某未婚、无子女，生前系某车辆公司职工。黄某与陈某是朋友关系，黄某多年来对陈某照顾有加。2010年10月起，陈某入住养老院，黄某与陈某在福利院签订《委托书》，载明："本人因年老独身无子女，生活不方便。随着年龄的增长，考虑今后的养老问题，特委托朋友黄某作为我的监护人负责我的生活事宜，包括安排入住养老机构、缴纳养老费用和后事安排。"2012年10月，陈某去世，后事由黄某操办。2014年10月28日，黄某以车辆公司为被告诉至法院，请求判决由黄某继承陈某的全部遗产，包括应由车辆公司支付的住房公积金约4万元及陈某所住公房今后拆迁的补偿款。

一审法院认为，黄某与死者陈某之间是朋友关系，并非陈某的法定继承人；陈某生前未作出遗嘱或遗赠的意思表示，亦未与黄某签订遗赠扶养协议，故黄某不具有合法的继承人资格。黄某提交了陈某住在福利院期间的收费票据及其丧葬费用票据、《住养协议书》和《委托书》等证据，但这些证据不能证明陈某的各项费用均为黄某支付，且陈某是车辆公司职工，其退休前后都有固定的收入及医疗保险，具备负担自身生活和医疗的经济基础。黄某在庭审中亦认可陈某在福利院期间的退休金均用于缴纳福利院的费用。综上，黄某无充分证据证明其对陈某尽到了赡养或扶养义务，故黄某要求继承陈某遗产的请求，没有事实及法律依据。法院据此判决驳回黄某的全部诉讼请求。黄某不服，提起上诉。

二审法院认为，陈某生前无直系亲属在旁照顾，黄某作为其朋友对其照顾较多，不仅在生活起居上进行了照料，在精神上也对陈某进行了慰藉，在其身故后亦承担了丧葬的义务。虽然陈某有退休金及医疗保险，其生前

---

[1]　参见《人民法院大力弘扬社会主义核心价值观十大典型民事案例》，载 https://www.court.gov.cn/zixun/xiangqing/229041.html，最后访问日期：2024年9月26日。

在养老院的费用亦大部分由自己负担，但对老年人的扶养并不仅限于财物的供养、劳务的扶助，更重要的是精神上的陪伴与抚慰。黄某作为独居老人陈某的多年朋友，对其生活起居的帮扶及精神的慰藉应视为其尽了主要扶养义务，值得赞扬。因此，黄某虽不属于陈某法定继承人，但对陈某扶养较多，依法可以分给其适当的遗产。最终，法院认为陈某应享受的老职工住房补贴约 52 070 元由黄某继承为宜。[1]

（四）课程思政

我国已经进入老龄社会，随着经济社会的发展，人员流动日益频繁，独居老人也越来越多，如何解决老年人的生活料理和精神慰藉，是整个社会面临的棘手问题。许多老年人享有退休金，在一些农村地区，老年人也享有一定程度的生活补贴，这部分老年人在经济上并不存在多少困难，真正困扰他们的却是生活起居上的艰难和精神上的孤独。因此，对于老人的扶养，不能简单地用付出多少金钱等经济价值的尺度来衡量，生活起居上的照料、陪伴和精神上的慰藉同样应当予以肯定。

《民法典》遗产酌给制度规定，对继承人以外的依靠被继承人扶养的人，或者继承人以外的对被继承人扶养较多的人，可以分给适当的遗产。这一规定突破了冷冰冰、死板的法定继承人范围的规定，更灵活地处理在法定继承中的特殊问题，体现了法律的温度，彰显了社会主义法治的人文关怀。特别是"继承人以外的对被继承人扶养较多的人"的遗产酌给规定，其意义就在于通过对无扶养义务人助人行为的积极评价，鼓励人们互帮互助，尤其是对老年人等弱势群体提供帮助，从而形成良好的社会风尚，弘扬尊老为德、敬老为善、助老为乐、爱老为美的社会主义友善文化和中华民族传统美德。

四、继承权的丧失与宽宥

（一）法条规定

《民法典》第 1125 条：继承人有下列行为之一的，丧失继承权：

---

〔1〕 参见江苏省南京市中级人民法院（2015）宁民终字第 2447 号民事判决书。

（一）故意杀害被继承人；

（二）为争夺遗产而杀害其他继承人；

（三）遗弃被继承人，或者虐待被继承人情节严重；

（四）伪造、篡改、隐匿或者销毁遗嘱，情节严重；

（五）以欺诈、胁迫手段迫使或者妨碍被继承人设立、变更或者撤回遗嘱，情节严重。

继承人有前款第三项至第五项行为，确有悔改表现，被继承人表示宽恕或者事后在遗嘱中将其列为继承人的，该继承人不丧失继承权。

受遗赠人有本条第一款规定行为的，丧失受遗赠权。

（二）规范解读

《民法典》第 1125 条是关于继承权丧失及宽宥的规定。所谓继承权的丧失，又称继承权的剥夺，是指依照法律规定在发生法定事由时，剥夺继承人继承被继承人遗产的资格，取消继承人原有的继承权。《中华人民共和国继承法》第 7 条规定了继承权丧失的事由，包括故意杀害被继承人的；为争夺遗产而杀害其他继承人的；遗弃被继承人的，或者虐待被继承人情节严重的；伪造、篡改或者销毁遗嘱，情节严重的。但学界、实务界普遍认为该条规定得不够完整，继承权丧失的范围规定得过窄。一种观点认为，应当增加故意伤害被继承人和以欺诈、胁迫手段迫使或者妨碍被继承人设立、变更或者撤销遗嘱情节严重的，作为丧失继承权的事由。还有观点认为，故意伤害被继承人的行为，可以概括在"虐待被继承人情节严重"的事由中，不必另行规定；而以欺诈、胁迫手段迫使或者妨碍被继承人设立、变更或者撤销遗嘱情节严重的，应当规定为丧失继承权的事由，以回应现实需要。[1]《民法典》继承编采纳了该建议，在《中华人民共和国继承法》相关规定的基础上，增加了以欺诈、胁迫手段迫使或者妨碍被继承人设立、变更或者撤回遗嘱严重情形的，作为继承权丧失的事由之一，并对继承权丧失后能否恢复的情形、受遗赠人丧失受遗赠权作出规定，对继承权丧失制度进行了进一步完善。

---

[1] 参见杨立新：《对修正〈继承法〉十个问题的意见》，载《法律适用》2012 年第 8 期。

继承权的丧失，具有以下几个方面的特点：第一，继承权丧失不仅适用于法定继承也适用于遗嘱继承。不论是法定继承人还是遗嘱继承人，只要有法律规定的事由出现，即依法丧失继承权。第二，继承权的丧失是继承人继承遗产的资格的丧失。继承人一旦丧失继承权，也就失去了其作为继承人的资格，不再具有继承人的法律地位，亦即丧失了其继承遗产的可能性。因此，只有在发生继承人对被继承人或者其他继承人有某种犯罪行为或者其他严重违法行为的法定事由时，继承人的继承权才会被依法剥夺。第三，只有人民法院才能确认继承人丧失继承权，其他任何单位或者个人都无权确认继承人丧失继承权。第四，根据继承权丧失后能否恢复，可将继承权的丧失分为继承权的绝对丧失和相对丧失。继承权绝对丧失，是指因发生某种使继承人丧失继承权的法定事由，该继承人对被继承人的继承权终局丧失，该继承人再不得也不能享有对被继承人已经丧失的继承权，只要是发生了继承权丧失，便不能改变其结果。继承权相对丧失，是指虽因发生某种法定事由使继承人的继承权丧失，但在具备一定条件时（通常为被继承人宽恕），法律对此持包容态度，继承人的继承权也可最终不丧失。[1]《中华人民共和国继承法》并未对不同情况作区分规定，《民法典》继承编则针对不同情况作出了具体且合理的规定。将故意杀害被继承人、为争夺遗产而杀害其他继承人列入继承权绝对丧失的法定情形范围；将遗弃、虐待被继承人，伪造、篡改、隐匿或者销毁遗嘱，以欺诈、胁迫手段迫使或者妨碍被继承人设立、变更或者撤回遗嘱三项情节严重的违法行为，列入继承权相对丧失的法定情形范围。由于后三种违法行为均发生在有一定亲属关系的人之间，在继承人有所悔改之后，被继承人往往表示宽恕。因此，为了维护家庭团结，鼓励不法行为的继承人改过自新，对于确有悔改表现，被继承人表示宽恕或者事后在遗嘱中将其列为继承人的，该继承人不丧失继承权。该规定使立法分类与界定能够更加科学全面。

---

[1] 参见杨立新主编：《继承法修订入典之重点问题》，中国法制出版社 2015 年版，第 199 页。

（三）案例素材

【司法判例】

原告许某、王某是夫妻，生育两个儿子许甲和许乙。被告阎某是许甲的妻子。许甲因十二指肠肿瘤在医院住院治疗。2009 年 1 月 29 日晚，许甲经抢救恢复神志后主动在病房里写下自书遗嘱，并要求值班医生证明其神志清晰后在遗嘱上签名确认。后许甲将该份文件交给在场的哥哥许乙。许甲于次日去世。许乙将该份文件交给两原告，两原告未告知被告，并将之烧毁。

法院认为，依据《最高人民法院关于民事诉讼证据的若干规定》，有证据证明一方当事人持有证据无正当理由拒不提供，如果对方当事人主张该证据的内容不利于证据持有人，可以推定该主张成立。现原告自认被继承人许甲生前自书的文书交给其保管，又称该份文书并非遗嘱，而被告对此毫不知情，故除非原告提供该份文书以证明并非遗嘱，否则法院推定该份文书系被继承人的自书遗嘱且内容有利于被告。继承法规定，伪造、篡改或者销毁遗嘱，情节严重的，丧失继承权。两原告在未告知被继承人妻女的情况下销毁遗嘱，不尊重被继承人的真实意思表示，因此，法院认为其已经丧失了继承权。[1]

【司法判例】

唐某与兰某系夫妻关系，共生育一子兰甲。兰某因怀疑其妻唐某与他人有染，于 2015 年 10 月 4 日持刀将其杀害。经法院审判，兰某被以故意杀人罪判处无期徒刑，剥夺政治权利终身。唐某的父亲唐甲已于 2011 年死亡。唐某的母亲高某于 2017 年 7 月 14 日出具遗产赠与书，自愿将依法应继承的唐某死亡后的所有遗产，全部赠与其外孙兰甲。兰某也对其所有的夫妻财

---

〔1〕 参见国家法官学院、中国人民大学法学院编：《中国审判案例要览.2011 年民事审判案例卷》，中国人民大学出版社 2013 年版，第 454-459 页。

产作出了赠与兰甲的处分决定。唐某因突遭杀害而去世，未能告知兰甲、高某其财产情况。唐某在该银行有存款，但该银行因涉及个人隐私和其他被继承人的权益，拒绝兰甲、高某查询、支取款项的要求。为维护自己的合法权益，兰甲、高某诉至法院，请求判决兰甲继承被继承人唐某的已经查实清楚的全部遗产。经查实，唐某死亡前未留下遗嘱，其名下遗产有银行存款共计三十余万元。法院经审理后认为，已经查实的被继承人唐某名下的存款，系唐某与兰某的夫妻共同财产。其一半的份额，归唐某所有，属于被继承的遗产范围。被继承人唐某的第一顺序继承人共有高某、兰甲、兰某三人。但兰某故意杀害被继承人唐某，依据法律规定，其继承权丧失。而高某已作出自愿放弃继承的意思表示。兰某也决定将其所有的夫妻财产赠与兰甲。故法院一并处理并判决，被继承人唐某的遗产全部由原告兰甲继承并享有。[1]

（四）课程思政

"染血之手，不能为继承人。"[2]《民法典》规定的继承权丧失制度是"任何人不得于其不法行为中获利"原则的体现，是对继承人不法或不道德行为的一种民事制裁。继承人是与被继承人具有密切血缘关系的亲属或被继承人最为信赖之人，在被继承人未就遗产作出其他安排时，由继承人按照法定继承或遗嘱继承遗产，合乎人之常情。法定继承符合被继承人可推定的意思，遗嘱继承是对被继承人遗嘱自由的尊重。但在继承人实施以杀害被继承人为代表的不法、不道德行为时，赋予继承人以继承遗产的权利并不合理。

然而，继承权与身份密切相关，相互具有继承关系的家庭成员，即便发生矛盾冲突也是"打断骨头连着筋"。对于犯错之后已经悔改的家庭成员，给予其认识错误、改正错误的机会，也是给家庭一个恢复和谐亲情关系的机会。因此，继承权丧失与宽宥制度，不仅给继承人提供了改过自新的机会，力促家庭成员和谐关系的构建，也从规则设计角度体现对被继承

〔1〕 参见四川省成都市新都区人民法院（2017）川 0114 民初 6193 号民事判决书。
〔2〕 史尚宽：《继承法论》，中国政法大学出版社 2000 年版，第 99 页。

人真实意愿的最大尊重，体现了法律惩罚价值向尊重被继承人意识自治价值导向的转化，同时也强化了法律的正向引导价值，积极促使丧失继承权的继承人能够改过自新。宽宥制度并不是对违法行为的纵容，因为宽宥的门槛并不低，必须付诸悔改行动，直至获得被继承人的谅解。相反，宽宥制度鼓励犯错者积极改正，回归社会正道，反映了正确的价值观，同时也使得法律制度既有刚度也有温度。总之，完善的继承权丧失与宽宥制度有利于规范继承人的合法继承行为，维护社会的道德人伦和家庭秩序，维持良好的遗产继承秩序、维护被继承人的遗嘱自由。

"家庭是人生的第一个课堂"，《民法典》在编纂的过程中也极重视家庭美德的弘扬与家庭文明的建设，婚姻家庭编与继承编中有很多规定都将这一精神贯彻其中，继承权的丧失与宽宥制度就是一个典型的例子。但是，家庭美德与文明不仅应体现在法律中，更应孕生于人的内心深处。因此，作为法律人，我们应当以更高的道德标准要求自己，以身作则，重视家庭文明建设，自觉践行弘扬家庭美德。

第九章

民法典侵权责任编课程思政教学设计

第一节　教学设计基本思路

通过对《民法典》侵权责任编中具体法律条文及其规范进行解读，结合司法判例、立法沿革及其他部门法律的相关规定的讲解，引导学生在学习自甘风险规则、好意同乘的责任承担、污染环境和破坏生态的惩罚性赔偿、高空抛物的责任承担等侵权法律知识的同时，发掘民法典制度背后的自由、友善、文明、和谐等社会主义核心价值观，理解《民法典》对指引行为和指导司法方面的重要意义，自觉遵守社会规制和秩序。

表 9-1

序号	对应知识点	课程思政结合点	说　　明
1	自甘风险规则	引导学生弘扬自由、平等、文明的社会主义核心价值观。	结合司法判例，使学生认识到《民法典》自甘风险规则对指引行为和指导司法方面的重要意义，彰显法律对体育自治原则的尊重和对体育竞技精神的鼓励。
2	好意同乘的责任承担	引导学生弘扬助人为乐的良好社会风尚。	结合司法判例，培养学生运用法治思维和法治方式保护善人善举，有助于构建互帮互助的和谐人际关系，有利于倡导友善、文明、和谐的社会主义核心价值观，激扬社会正能量。

续表

序号	对应知识点	课程思政结合点	说　明
3	污染环境和破坏生态的惩罚性赔偿	引导学生深刻理解习近平生态文明思想。	结合司法判例和立法进程的介绍，使学生加深对绿色原则的理解，牢固树立和践行"绿水青山就是金山银山""人与自然和谐共生"的环保理念。
4	高空抛物的责任承担	引导学生弘扬文明、和谐的社会主义核心价值观。	结合典型的司法案例和刑法对高空抛物行为规制的阐释，使学生明白一个行为从失德、到违法、再到犯罪的规范界限，引导学生自觉遵守社会公德和秩序。

第二节　教学设计典型课例

一、自甘风险规则

（一）法条规定

《民法典》第 1176 条第 1 款：自愿参加具有一定风险的文体活动，因其他参加者的行为受到损害的，受害人不得请求其他参加者承担侵权责任；但是，其他参加者对损害的发生有故意或者重大过失的除外。

（二）规范解读

《民法典》第 1176 条规定了自甘风险规则。本条是《民法典》新增条款，是我国首次以立法形式确立了侵权法上的自甘风险免责事由，其中第 1 款是关于受害人因参加文体活动自甘冒险而免除侵权责任及其例外情况的法律规定。

自甘风险是指受害人自愿参加具有一定风险的文体活动，因其他参加者的行为受到损害的，受害人不得请求其他参加者承担侵权责任，但是其他参加者对损害的发生有故意或者重大过失时除外的免责事由。本条规定的受害人自甘风险规则以加害人是否有故意或重大过失为界，区分具有一定风险性的活动中法律所允许的、应当由受害人自己承担的风险和法律所不允许的、应当由加害人负责的风险。前者情形中加害人可以援引自甘风险规则免除自己的责任（狭义的自甘风险）；后者情形中加害人只得依与有过失规则减轻自己的责任。[1]

本条第 1 款前半句规定的是狭义的受害人自甘风险，其构成要件有三：第一，其适用于具有一定风险的文体活动场合；第二，须受害人自愿参加活动；第三，加害人的行为不存在故意或者重大过失。故意和重大过失是指对损害的发生而言，而非对违反规则本身而言。应注意的是，受害人自甘风险不得违背法律的强行性规定，如公序良俗原则。[2]狭义的受害人自甘风险的法律后果是侵权责任不成立。本条第 1 款后半句规定的是受害人自甘风险，但加害人存在故意或重大过失的情形。此时侵权责任成立，因此加害人只能依据有关过失相抵的规定减轻自己的责任，[3]却不能够完全免除自己的责任。

近年来的审判实践对于适用自甘风险的规则积累了较为丰富的经验，这无论是在裁判规范上还是行为导向上都具有积极意义。在参加体育运动或其他带有风险性的活动过程中的损害，如行为人不存在因故意和过失导致严重违反规则的情形，不承担或者减轻损害赔偿责任。在其他领域中，如户外活动，特别是一些类似于探险的活动中，也有适用自甘风险的实践。

（三）案例素材

【司法判例】

本案是《民法典》施行后，首例适用《民法典》第 1176 条自甘风险规则作出判决的案件。宋某、周某为羽毛球业余爱好者，自 2015 年起自发参加羽毛球比赛。2020 年 4 月 28 日上午，宋某、周某与案外四人在北京市朝阳区红领巾公园内露天场地进行羽毛球 3 对 3 比赛。运动中，宋某站在发球

---

〔1〕 参见龙卫球主编：《中华人民共和国民法典人格权编与侵权责任编释义》，中国法制出版社 2021 年版，第 229 页。

〔2〕 参见黄薇主编：《中华人民共和国民法典侵权责任编解读》，中国法制出版社 2020 年版，第 43 页。

〔3〕 参见王利明：《论受害人自甘冒险》，载《比较法研究》2019 年第 2 期。

线位置接对方网前球后，将球回挑到周某方中场，周某迅速杀球进攻，宋某直立举拍防守未果，被羽毛球击中右眼。事发后，宋某至北京大学人民医院就诊治疗，术后 5 周余验光提示右眼最佳矫正视力为 0.05。宋某遂诉至法院，要求周某赔偿医疗费、护理费、住院伙食补助费、营养费等各项费用。

法院认为，竞技体育运动不同于一般的生活领域，主要目的为争胜，此类运动具有对抗性、人身危险性的特点，参与者均处于潜在危险中，既是危险的潜在制造者，也是危险的潜在承担者。羽毛球运动系典型的对抗性体育竞赛，除扭伤、拉伤等常规风险外，更为突出的风险在于羽毛球自身体积小、密度大、移动速度快，运动员如未及时作出判断即会被击中，甚至击伤。宋某作为多年参与羽毛球运动的爱好者，对于自身和其他参赛者的能力以及此项运动的危险和可能造成的损害，应当有所认知和预见，而宋某仍自愿参加比赛，将自身置于潜在危险之中，属于自甘冒险的行为。依照《民法典》第 1176 条第 1 款，在此情形下，只有周某对宋某受伤的损害后果存在故意或重大过失时，才需承担侵权损害赔偿责任。本案中，周某杀球进攻的行为系该类运动的正常技术动作，周某并不存在明显违反比赛规则的情形，不应认定其存在重大过失，且现行法律未就本案所涉情形适用公平责任予以规定，故宋某无权主张周某承担赔偿责任或分担损失。2021 年 1 月 4 日，一审法院判决驳回宋某的全部诉讼请求。原告不服，提起上诉。二审法院判决驳回上诉，维持原判。[1]

【司法判例】

H 公司拍摄电视剧《小鱼儿与花无缺》，根据剧情安排由小鱼儿（张某饰演）与花无缺（谢某饰演）击打江别鹤尸体（王某饰演）。拍摄前，剧组导演提出"以不伤害对方"为准的要求。张某、谢某在正式拍摄前与王某进行演示，剧组为王某加装防护垫。实际拍摄过程中，张某、谢某未按拍

〔1〕　参见《人民法院贯彻实施民法典典型案例（第一批）》，载 https://www.court.gov.cn/zixun/xiangqing/347181.html，最后访问日期：2024 年 9 月 26 日。

摄前演示的力度击打王某，致其受伤。法院经审理认为，剧本只是要求张某、谢某分别扮演的角色在这场戏中击打王某扮演的角色（尸体），而不是要求将演员致伤。为了防止发生演员人身伤害，剧组导演在事前已经提出明确要求，并提供了保护措施。表演的真实要在法律允许和当事人承受力的范围内。张某、谢某未按演示的打击强度击打王某，造成其受伤，应认定有重大过失。王某和谢某、张某与 H 公司形成事实合同关系，张某、谢某、H 公司承担连带责任。[1]

自甘风险作为违法阻却事由免除加害人责任，尤其适用于那些危险较高的合法活动，正如《民法典》第 1176 条规定的，自甘风险发生的场景往往是"具有一定风险的文体活动"。本案发生在影视表演这一具有一定风险的文艺活动中。演员参与表演出于自愿，根据剧本安排，饰演相应角色的王某需要自行承担在打击动作中遭受损害的风险。但自甘风险的适用是有限度的，其不适用于行为人故意或有重大过失的情形。影视表演为追求效果的逼真，需要演员承担在拍摄过程中可能遭受的风险，但相关行为人也必须尽必要的谨慎注意义务，若违反注意义务则存在过错，过错一旦达到故意或重大过失的程度，则不能以自甘风险作为免责事由。[2]本案中，行为人张某、谢某遵循 H 公司的指令表演击打王某，其真实性要求仅在于击打行为而非结果，因此造成王某轻微伤明显超出必要限度，具有重大过失，不能以自甘风险为由免除其侵权责任。

（四）课程思政

《民法典》在侵权责任编中新增"自甘风险规则"意义重大。一方面，实践中自甘风险的情形很多，且在比较法上也被广泛确认，尤其是在体育比赛中非常典型。体育运动中的游戏规则不宜完全由司法介入，如合理冲撞的情形应当免责。另一方面，增设自甘风险规则对于促进一些文体活动，特别是有一定风险性的体育活动，增强人民体质，促进人民健康，尤其是

---

〔1〕 参见北京市第二中级人民法院（2005）二中民终字第 00026 号民事判决书。

〔2〕 参见杨立新主编：《〈中华人民共和国民法典〉条文精释与实案全析》（下），中国人民大学出版社 2020 年版，第 350 页。

提高广大青少年的身体素质具有重要意义。

法谚有云："自甘冒险者自食其果"。《民法典》确立自甘风险规则，既统一了思想认识，也统一了裁判尺度。通过这一规则，明确对损害发生无故意、无重大过失的文体活动参加者，不承担赔偿责任，拒绝"和稀泥"的司法态度，体现了公正、法治的精神。自甘风险规则不仅有利于保护文体活动参加者的合法权益，同时也彰显法律对体育自治原则的尊重以及对体育竞技精神的鼓励，体现了自由、平等、文明的社会主义核心价值观。

二、好意同乘的责任承担

（一）法条规定

《民法典》第 1217 条：非营运机动车发生交通事故造成无偿搭乘人损害，属于该机动车一方责任的，应当减轻其赔偿责任，但是机动车使用人有故意或者重大过失的除外。

（二）规范解读

本条将好意同乘规定为机动车一方的责任减轻事由，是《民法典》中的新增规定。随着共享经济的发展，人们对"好意同乘"一词已经十分熟悉。但"好意同乘"一直是个笼统的法律术语，其具体概念以及如何界定划分，一直没能形成一个统一、明确、权威的观点。在《民法典》起草过程中，多数学者认为，好意同乘应当是好意施惠关系，即好意人基于维护情谊的初衷，让同乘人免费搭乘并送同乘人前往目的地的行为。最终立法上务实地采取了以下做法：第一，将"好意同乘"界定在非营运机动车发生的交通事故范畴。区分营运机动车和非营运机动车，主要是看机动车行驶证上的车辆使用性质。如果行驶证车辆使用性质是营运，那么车辆就必须有运营部门颁发的道路运输证（营运证），营运车辆驾驶员必须有从业资格证（上岗证）才可以从事营运。非营运车辆不得参加营运活动，否则将受到处罚。[1]第二，同乘人需为无偿搭乘。通常来讲，同乘人是否支付了

---

〔1〕参见郭锋等编著：《中华人民共和国民法典条文精释与实务指南·人格权编、侵权责任编》，中国法制出版社 2021 年版，第 412-413 页。

合理的对价是判断是否构成好意同乘行为的主要标准，不过学界中对于同乘人支付部分费用能否构成好意同乘存在较大争议。《民法典》对这一点予以明确，即必须是"无偿搭乘"，同乘人没有支付任何费用，机动车一方也没有因此受有利益。如果支付了费用，则构成合同关系，应准用客运合同的相关规则。

理论界对于"好意同乘"是否应减轻好意人责任的事由一直存在争议。《民法典》出台之前，我国对此没有明确的规定，导致全国各地法院在行使自由裁量权的过程中衡量标准不统一，裁判结果各不相同。在《民法典》起草过程中，大多数观点认为，"好意同乘"本身即构成减责事由。首先，考虑到好意同乘的本质特征在于好意性与无偿性，好意同乘的供乘者没有对搭乘者收取任何的费用，只是出于情谊同意搭乘者乘坐自己的车辆。在道路上发生交通事故后，尽管搭乘者对于事故的发生没有任何过错，但机动车驾驶者也并没有收取搭乘者的任何费用，没有得到任何利益，是一种纯负义务的行为。在这个前提下还要驾驶者承担全部的责任，这无疑是对助人为乐优良传统的一种抹杀，不利于分享式经济形式的发展。其次，好意同乘是一种好意施惠行为，没有达成受法律约束的意思表示，不属于法律行为。在《合同法》中也有相应的规定，具有法律约束力的无偿合同，如无偿保管合同，适用减轻责任。举重以明轻，没有法律拘束力之好意同乘更应当减轻赔偿责任规则。最后，好意同乘的供乘者尽到了应尽的注意义务，还是没有避免损害的发生时，也应适当减轻其责任。根据过错责任的一般理论，若机动车一方具有侵权的故意或者重大过失，则不能仅以"好意同乘"作为减责事由。实践中，驾驶人除了违反一般的安全注意义务，还可能存在违反道路交通安全法的严重行为。比如不具备驾驶资格或者有不得驾驶车辆情况的违法驾驶人免费搭载他人，就是重大过失，此种情况下不宜允许其减责。最终本条规定，机动车使用人有故意或者重大过失的，不得减轻赔偿责任。

（三）案例素材

【司法判例】

2019 年 12 月 1 日凌晨 3 时许，由于深夜不好打车，案外人联系正在附近的朋友梁某，请求其来酒吧顺路搭上案外人和醉酒的朋友戚某回家，梁某驾驶车辆行驶至 G105 国道时碰撞路面障碍物发生交通事故。经交警部门认定，司机梁某负全部责任。事发后，戚某被送回家中，酒醒后感觉身体不适前往医院检查，被诊断为齿状突骨折并左侧第一肋骨骨折，经鉴定构成十级伤残。戚某遂诉至法院，主张交通事故中梁某未安全驾驶，公路管养中心未尽道路养护职责，请求判令梁某及公路管养中心赔偿医疗费、残疾赔偿金、精神损害抚慰金、误工费等损失共计 19 万余元。

法院认为，根据《民法典》第 1217 条之规定，虽然交通事故认定书认定梁某承担事故全部责任，但判断梁某是否存在故意或者重大过失，还应综合事故发生的原因、损害后果等因素予以确定。首先，无证据证实梁某存在故意制造事故的行为，梁某具有驾驶涉案车辆的资格，也不存在醉酒驾驶等法律禁止驾驶的行为。其次，事故发生在凌晨 3 时左右，路面灯光对于驾驶员判断路面障碍物并及时避让确实有一定客观影响。最后，梁某基于与戚某的朋友认识，愿意无偿搭载戚某返回家中，该行为属于利他性的无偿行为，符合友善和谐的社会主义核心价值观，应予鼓励。因此，梁某在事故中虽有过失，但尚未达到重大过失的程度，结合事故导致的后果、各方过错等因素，判决由梁某、公路管养中心及戚某对事故造成的损失分别承担 50%、20% 和 30% 的责任。[1]

【司法判例】

吴某与俞某是同事。2014 年 9 月 10 日中午，吴某、俞某及另外一名同事潘某共同从位于杨浦区的办公场所出发前往位于宝山区的工厂，由俞某

---

〔1〕　参见《广州法院贯彻实施民法典十大典型案例》，载 https://www.gzcourt.gov.cn/yqfkdt/ck597/2023/09/14141742065.html，最后访问日期：2024 年 9 月 26 日。

驾驶其私家车，俞某未向吴某及潘某收取任何费用。当日 11 时 55 分许，在上海市蕴川公路进共悦路路口处，俞某驾驶的轿车追尾案外人曹某驾驶的汽车，造成乘坐在俞某轿车上的吴某受伤。后经交警部门认定，俞某负事故全部责任。事发后，吴某就医治疗，花费医疗费 10 591.49 元。吴某之伤经鉴定构成伤残，并评定给予了一定的休息、营养、护理期。吴某支付鉴定费 2300 元，聘请律师花费 5000 元。2015 年 9 月，宝山区人力资源和社会保障局认定吴某所受道路交通事故伤为工伤。2016 年 1 月、3 月经两次鉴定，上海市劳动能力鉴定委员会认定吴某之伤构成工伤九级。2016 年 4 月上海市社会保险事业管理中心宝山分中心作出《工伤人员待遇核定表》，核定一次性伤残补助金为 53 624.70 元。

吴某起诉至法院，要求保险公司在交强险无责限额内予以赔偿；不足部分，由被告俞某予以赔偿。法院认为，根据本案事实可以确定俞某驾驶机动车追尾案外人曹某驾驶的机动车，造成乘坐在俞某轿车上的吴某受伤。经交警部门认定，俞某负事故全部责任。人寿保险上海分公司所承保的曹某的轿车在本起事故中为无责方，故应依法在交强险无责险限额内承担赔偿责任。俞某与吴某是同事，俞某出于好意让吴某免费搭乘，虽然俞某由于其过错造成交通事故，但其赔偿责任应当酌情减轻。基于此，法院酌情确定，对吴某超出交强险无责险范围的合理损失，由俞某承担 60% 的赔偿责任。吴某、俞某不服，提起上诉。二审驳回上诉，维持原判。[1]

（四）课程思政

好意同乘作为一种善意施惠、助人为乐的行为，是互帮互助的中华民族传统美德的生动体现。如果在好意同乘过程中车辆发生交通事故造成搭乘人损害，让驾驶人承担全部责任，有失公平，也不利于鼓励人民群众善意助人。在好意同乘中发生交通事故，造成搭乘人损害的情形下，好意同乘行为就转变为侵权行为，车辆驾驶人应对其过错承担法律责任。要求驾驶人承担法律责任并不是否定助人为乐的良好动机，而是要求驾驶人尽到合理注意义务，保障搭乘人的安全。关于在好意同乘中发生交通事故构成

[1] 参见上海市第二中级人民法院（2016）沪 02 民终 10526 号民事判决书。

侵权行为的情况下，是否可以适当减轻驾驶人责任的问题，立法所体现的价值观为，为体现司法对情谊行为的有限介入，鼓励助人为乐、相互帮助的施惠行为，应当对施惠者采取宽容的态度。[1]正如《民法典》对赠与人、无偿保管人、无偿受托人均采取宽容的态度一样，对驾驶人提供无偿搭乘情谊行为发生交通事故的，也应当酌情宽容、减轻其侵权赔偿责任。

"好意同乘"入法及其在司法实践中的应用，是法律回应时代呼声的体现，运用法治思维和法治方式保护善人善举，有助于构建互帮互助的和谐人际关系，激扬社会正能量。《民法典》将好意同乘规定为机动车一方的责任减轻事由，较好地平衡了保护乘车人健康权与肯定驾驶人利他行为的关系，取得情理法三者之间的"最大公约数"。这一规定既保护了无偿搭乘人的合法权益，也弘扬了我国助人为乐的传统美德、明确倡导善良互助的社会风尚，还将督促机动车使用人对搭乘人尽到合理的安全注意义务，更维护了民事主体之间的信赖关系，同时也是实现绿色出行、节能减排的手段之一，有利于倡导友善、文明、和谐的社会主义核心价值观。

三、污染环境、破坏生态的惩罚性赔偿

（一）法条规定

《民法典》第 1232 条：侵权人违反法律规定故意污染环境、破坏生态造成严重后果的，被侵权人有权请求相应的惩罚性赔偿。

（二）规范解读

就环境侵权而言，侵权人污染环境或破坏生态违法成本较低且可能获利巨大，同时还可能存在逃脱被追责的侥幸心理，而受害人却无法确知损失，那么补偿性损害赔偿制度的功能可能无法有效发挥。而且在很多情况下，微薄的赔偿金相比较高的诉讼成本，也让被侵权人不愿提起诉讼。由此，在环境侵权中引入惩罚性赔偿制度，可以弥补补偿性赔偿制度的缺陷以及诉讼机制对侵权责任的消极影响，从而产生对环境污染和生态破坏行

---

〔1〕　参见叶晓彬等主编：《法学专业课程思政教学案例研究》，中国政法大学出版社 2023 年版，第 97 页。

为的遏制效果。不过，对惩罚性赔偿的适用需要有较为苛刻的条件。《民法典》第1232条规定的目的既要使惩罚性赔偿产生妥当的惩戒救济效果，又要避免其消极影响的扩大。

本条在适用中需要注意以下几点：第一，本条规定的有权请求惩罚性赔偿的主体是"被侵权人"，这仅指民事权益受到侵害的民事主体，而不包括国家规定的机关或者法律规定的组织。第二，环境侵权中惩罚性赔偿应以违法性为前提，即环境污染行为或生态破坏行为的恶劣程度达到社会所不能容忍的地步，对此情形适用惩罚性赔偿以达到惩戒效果。第三，本条中的"法律规定"是指全国人大及其常委会颁行的狭义法律，不包括行政法规、部门规章、地方性法规、自治条例和单行条例、规章。第四，本条中的"故意"是指明知其行为违反法律规定并可能会导致环境污染或生态破坏，却仍然为之。环境污染和生态破坏责任属于无过错责任，在责任的构成要件中无须侵权人的过错，而惩罚性赔偿在于对具有主观恶性的侵权人施以惩戒，并产生社会威慑效果。因此，应当以"故意"这类具有极强恶性的主观表现作为惩罚性赔偿适用的要件。[1]第五，本条对于污染环境、破坏生态所致损害后果要求的程度是"严重后果"，但并未明确具体程度。就此，可类比《中华人民共和国消费者权益保护法》第55条第2款，造成消费者或者其他受害人死亡或者健康严重损害。因此，在污染环境、破坏生态导致死亡或者严重的健康损害的情况下才可以适用惩罚性赔偿。当然，如果环境侵权行为导致的受害人人数众多，造成大规模的人群健康隐患，即使未显现出严重的病症，也应视为"严重后果"。

（三）案例素材

【司法判例】

本案是我国首例适用民法典惩罚性赔偿条款的环境污染民事公益诉讼案件。2018年3月3日至同年7月31日期间，被告某化工集团有限公司

---

〔1〕 参见龙卫球主编：《中华人民共和国民法典人格权编与侵权责任编释义》，中国法制出版社2021年版，第451页。

（以下简称被告公司）生产部经理吴某民将公司生产的硫酸钠废液交由无危险废物处置资质的吴某良处理，吴某良又雇请李某贤将 30 车共计 1124.1 吨硫酸钠废液运输到浮梁县寿安镇八角井、浮梁县湘湖镇洞口村的山上倾倒，造成了浮梁县寿安镇八角井周边约 8.08 亩范围内的环境和浮梁县湘湖镇洞口村洞口组、江村组地表水、地下水受到污染，影响了浮梁县湘湖镇洞口村约 6.6 平方公里流域的环境，妨碍了当地 1000 余名居民的饮用水安全。经鉴定，两处受污染地块的生态环境修复总费用为人民币 2 168 000 元，环境功能性损失费用共计人民币 57 135.45 元，并产生检测鉴定费 95 670 元。受污染地浮梁县湘湖镇洞口村采取合理预防、处置措施产生的应急处置费用共计人民币 528 160.11 元。其中，吴某良、吴某民、李某贤等因犯污染环境罪已被另案判处六年六个月至三年二个月不等的有期徒刑。公益诉讼起诉人起诉请求被告公司赔偿相关生态环境损害。

生效裁判认为，被告公司将生产废液交由无危险废物处置资质的个人处理，放任污染环境危害结果的发生，主观上存在故意，客观上违反了法律规定，损害了社会公共利益，造成严重后果。且至本案审理期间，涉案倾倒废液行为所致的环境污染并未得到修复，损害后果仍在持续，符合《民法典》第 1232 条规定的环境侵权惩罚性赔偿适用条件。综合该公司的过错程度、赔偿态度、损害后果、承担责任的经济能力、受到行政处罚等因素，判令其赔偿环境修复费用 2 168 000 元、环境功能性损失费用 57 135.45 元、应急处置费用 532 860.11 元、检测鉴定费 95 670 元，并承担环境污染惩罚性赔偿 171 406.35 元，以上共计 3 025 071.91 元；对违法倾倒硫酸钠废液污染环境的行为在国家级新闻媒体上向社会公众赔礼道歉。[1]

【立法进程】

由于生态环境损害的累积性、潜伏性、缓发性、公害性等特点，现实中存在对环境侵权适用惩罚性赔偿的客观需求。最高人民法院在提炼

---

〔1〕 参见《人民法院贯彻实施民法典典型案例（第一批）》，载 https://www.court.gov.cn/zixun/xiangqing/347181.html，最后访问日期：2024 年 9 月 26 日。

总结司法实践问题时，亦不断呼吁发声，探索建立生态环境惩罚性赔偿制度。

2014 年 6 月 23 日，最高人民法院发布的《关于全面加强环境资源审判工作为推进生态文明建设提供有力司法保障的意见》指出，要坚持损害担责。落实全面赔偿规定，探索建立环境修复、惩罚性赔偿等制度，依法严肃追究违法者的法律责任。[1]2015 年 9 月 16 日，最高人民法院发布的《关于充分发挥审判职能作用切实维护公共安全的若干意见》指出，落实全面赔偿规定，探索建立环境修复、惩罚性赔偿等制度，依法严肃追究违法者的法律责任。[2]2016 年 5 月 26 日，最高人民法院发布的《关于充分发挥审判职能作用为推进生态文明建设与绿色发展提供司法服务和保障的意见》提出"探索适用惩罚性赔偿责任"。[3]2018 年 10 月 23 日，最高人民法院印发的《关于为实施乡村振兴战略提供司法服务和保障的意见》提出"探索惩罚性赔偿制度在环境污染和生态破坏纠纷案件中的适用，积极营造不敢污染、不愿污染的法治环境。"[4]

社会治理需求与司法实践呼声最终在《民法典》中得到了回应。《民法典》除在总则编中的第 179 条规定惩罚性赔偿的原则性条款，在第 1185 条、第 1207 条分别规定知识产权侵权、产品责任的惩罚性赔偿以外，专门在第 1232 条增加规定了环境侵权惩罚性赔偿责任，这是我国环境侵权民事责任体系的一项重大改革。

（四）课程思政

随着我国经济社会的快速发展，生态破坏和环境污染问题日益严峻，

---

〔1〕 参见《最高人民法院关于全面加强环境资源审判工作为推进生态文明建设提供有力司法保障的意见》，载 https://www.court.gov.cn/fabu/xiangqing/13602.html，最后访问日期：2024 年 9 月 26 日。

〔2〕 参见《最高人民法院关于充分发挥审判职能作用切实维护公共安全的若干意见》，载《人民法院报》2015 年 9 月 17 日，第 3 版。

〔3〕《最高人民法院关于充分发挥审判职能作用为推进生态文明建设与绿色发展提供司法服务和保障的意见》，载 https://gongbao.court.gov.cn/Details/3c4fb71f30beecb980640f3165d447.html，最后访问日期：2024 年 9 月 26 日。

〔4〕《最高人民法院印发〈关于为实施乡村振兴战略提供司法服务和保障的意见〉的通知》，载 https://gongbao.court.gov.cn/Details/ee31158f162ab7ff358f095f6a54cb.html，最后访问日期：2024 年 9 月 26 日。

需要特殊的法律手段予以治理。传统的损害填补性质的赔偿虽然能对受害人的健康权、财产权及生态环境的损失起到一定的补偿作用，但存在无法充分弥补所有损失的问题，更不利于遏制生态环境破坏行为的发生。《民法典》引入惩罚性赔偿制度对受害人予以救济，是"用最严格制度，最严密法治保护生态环境"理念在民事私法中的体现，有利于制裁生态环境损害中的恶意侵权人，阻吓他人实施生态环境侵权行为，减少受害人的不满情绪，增加社会福祉。

　　习近平总书记在党的二十大报告中强调："必须牢固树立和践行绿水青山就是金山银山的理念，站在人与自然和谐共生的高度谋划发展。"[1]《民法典》新增规定污染环境和破坏生态的惩罚性赔偿制度，贯彻了"绿水青山就是金山银山"的环保理念，增强了生态环境保护力度，是构建天蓝地绿水净的美好家园的法治保障。法治建设需立足基本国情，新时代我国社会主要矛盾的变化决定了我国生态文明法治产品的供给趋向。作为内生于私法规则体系而承担公法治理效能的惩罚性赔偿是具有"公私益兼用"属性的新增民事侵权责任制度，其在生态环境损害赔偿案件中的适用弥补了惩罚性赔偿责任在环境公益诉讼中长期缺失的状态，具有适配于生态文明建设秩序期待的价值功用。[2]在《民法典》绿色原则指引下建构起来的生态环境损害惩罚性赔偿制度内生于我国生态文明体制改革的伟大实践，具有鲜明的理性思维、问题导向以及时代特色，其是习近平生态文明思想在法律制度方面的具体体现，是建设"人与自然和谐共生"的中国式现代化道路的有力保证。

---

　　〔1〕　习近平：《高举中国特色社会主义伟大旗帜　为全面建设社会主义现代化国家而团结奋斗——在中国共产党第二十次全国代表大会上的报告》，载 https://www.gov.cn/xinwen/2022-10/25/content_5721685.htm，最后访问日期：2024年9月26日。
　　〔2〕　参见王灿发、张祖增：《生态环境损害惩罚性赔偿制度的理性审视》，载于文轩主编：《环境资源与能源法评论．第5辑，生态环境法律规制的理论基础与制度建构》，中国社会科学出版社2023年版，第6页。

四、高空抛物的责任承担

(一) 法条规定

《民法典》第1254条：禁止从建筑物中抛掷物品。从建筑物中抛掷物品或者从建筑物上坠落的物品造成他人损害的，由侵权人依法承担侵权责任；经调查难以确定具体侵权人的，除能够证明自己不是侵权人的外，由可能加害的建筑物使用人给予补偿。可能加害的建筑物使用人补偿后，有权向侵权人追偿。

物业服务企业等建筑物管理人应当采取必要的安全保障措施防止前款规定情形的发生；未采取必要的安全保障措施的，应当依法承担未履行安全保障义务的侵权责任。

发生本条第一款规定的情形的，公安等机关应当依法及时调查，查清责任人。

(二) 规范解读

近年来，随着城市现代化发展，楼宇密布、高楼林立，高空抛物、坠物事件频发，因许多情况无法确定具体侵权人，且我国保险制度和社会救助制度还不够完善，导致受害人无法及时获得救济。为此，《中华人民共和国侵权责任法》（以下简称《侵权责任法》）第87条规定，由可能加害的建筑物使用人给予补偿。但由于该条规定存在的打击面过广、有违归责原则基本法理、对受害人救济不及时、不利于及时查找侵权人、不利于有效打击和预防高空抛物行为等问题也日渐暴露，有必要在立法上进一步完善高空抛物的侵权责任规则。2019年，最高人民法院为贯彻落实党中央部署，切实维护人民群众"头顶上的安全"，促进社会公平正义，起草并发布了《关于依法妥善审理高空抛物、坠物案件的意见》，为预防和惩治高空抛物行为发挥了积极作用，也为立法上进一步完善高空抛物侵权责任提供了有益参考。[1] 在此大背景下，《民法典》编纂过程中对于高空抛物侵权责任规

---

〔1〕 参见最高人民法院民法典贯彻实施工作领导小组主编：《中华人民共和国民法典侵权责任编理解与适用》，人民法院出版社2020年版，第697页。

则作了深入研究，最终作出了本条规定。

相较《侵权责任法》第 87 条规定，本条的重大变化主要有：第一，新增规定"禁止从建筑物中抛掷物品"，旗帜鲜明地表明态度。针对高空抛物造成人身伤亡等问题，明确提出高空抛物为法律所禁止，价值导向明确。从法律适用上讲，这也为认定高空抛物行为的违法性提供了明确的法律依据。第二，明确了从建筑物中抛掷物品或者从建筑物上坠落的物品造成他人损害的情形，由侵权人依法承担侵权责任为一般规则，由可能加害的建筑物使用人给予补偿为例外的规则，而非《侵权责任法》第 87 条规定的由可能加害的建筑物使用人给予补偿作为一般规则的做法。第三，新增了物业服务企业等建筑物管理人的责任，这对于加强物业管理服务，预防高空抛物行为具有重大意义，也有利于快速有效地救济受害人损害。第四，新增了有关部门查找职责的规定，这对于解决实践中高空抛物侵权人查找难的问题具有积极作用。

（三）案例素材

【司法判例】

2019 年 5 月 26 日，庾某在位于广州杨箕的自家小区花园散步，经过黄某楼下时，黄某家小孩在房屋阳台从 35 楼抛下一瓶矿泉水，水瓶掉落到庾某身旁，导致其惊吓、摔倒，随后被送往医院救治。次日，庾某亲属与黄某一起查看监控，确认了上述事实后，双方签订确认书，确认矿泉水瓶系黄某家小孩从阳台扔下，同时黄某向庾某支付 1 万元赔偿。庾某住院治疗 22 天才出院，其后又因此事反复入院治疗，累计超过 60 天，且被鉴定为十级伤残。由于黄某拒绝支付剩余治疗费，庾某遂向法院提起诉讼。

生效裁判认为，庾某散步时被从高空抛下的水瓶惊吓摔倒受伤，经监控录像显示水瓶由黄某租住房屋阳台抛下，有视频及庾某、黄某签订的确认书证明。双方确认抛物者为无民事行为能力人，黄某是其监护人，庾某要求黄某承担赔偿责任，黄某亦同意赔偿。涉案高空抛物行为发生在《民法典》实施前，但为了更好地保护公民、法人和其他组织的权利和利益，根据《最高人民法院关于适用〈中华人民共和国民法典〉时间效力的若干规定》第 19 条规定，《民法典》施行前，从建筑物中抛掷物品或者从建筑物上坠落的物品造成他人损害引起的民事纠纷案件，适用《民法典》第 1254 条的规定。2021 年 1 月 4 日，审理法院判决黄某向庾某赔偿医疗费、护理费、交通费、住院伙食补助费、残疾赔偿金、鉴定费合计 8.3 万元；精神损害抚慰金 1 万元。[1]本案是人民法院首次适用《民法典》第 1254 条判决高空抛物者承担赔偿责任，切实维护人民群众"头顶上的安全"的典型案例。

【刑法规制】

"高空抛物"作为"头顶上的安全"问题，是社会广泛关注的焦点问题。《中华人民共和国刑法修正案（十一）》（以下简称《刑法修正案（十一）》）第 33 条确定在《中华人民共和国刑法》第 291 条之后增加一条，作为第 291 条之二："从建筑物或者其他高空抛掷物品，情节严重的，处一年以下有期徒刑、拘役或者管制，并处或者单处罚金。有前款行为，同时构成其他犯罪的，依照处罚较重的规定定罪处罚。"《刑法修正案（十一）》新增高空抛物罪，实现了对构成犯罪的高空抛物行为从以危险方法危害公共安全罪到高空抛物罪的罪名变迁。

2020 年 5 月，家住三楼的徐某与王某因言语不和发生争执，徐某从厨房拿出一把菜刀抛掷楼下公共租赁房附近。楼下居民发觉后向楼上质问，徐某听到质问声后，又去厨房拿第二把菜刀，抛掷至楼下公共租赁房屋附近，楼下居民见状报警。2021 年 3 月 1 日，法院经审理后认为，被告人徐某从建筑物抛掷物品行为已经构成高空抛物罪，依法判决被告人徐某犯高空抛物罪，判处有期徒刑六个月，并处罚金人民币二千元。[2]本案是《刑法修正案（十一）》实施后全国首例对高空抛物行为适用新罪名的案件，引起了社会各界的广泛关注。本案中，行为人故意从建筑物高处向下连续

---

〔1〕 参见《人民法院贯彻实施民法典典型案例（第一批）》，载 https://www.court.gov.cn/zixun/xiangqing/347181.html，最后访问日期：2024 年 9 月 26 日。

〔2〕 参见《常州法院 2021 年度十大典型案例发布》，载 http://fy.changzhou.gov.cn/html/czfy/2022/BQBJQCKD_0221/11458.html，最后访问日期：2024 年 9 月 26 日。

抛掷两把菜刀至公共区域的行为，足以危害公共安全，尚未造成严重后果的，依据行为时的法律构成以危险方法危害公共安全罪，但依据判决时已施行的《刑法修正案（十一）》构成高空抛物罪的，应当有利追溯认定构成高空抛物罪。

（四）课程思政

高空抛物现象曾被人称为"悬在城市上空的痛"，这不仅是一种受公众道德谴责的不文明行为，更是被法律明文规定的违法行为。曾几何时，高空抛物行为在我国各地屡禁不止，全国范围内每年发生的高空抛物事件都多达数千起，其中丧失生命、受伤或财产损失的案例不计其数。高空抛物不仅给被害人带来身体健康上的伤害，更破坏了城市的美观环境，使公共空间变得极不安全，使我们居住的城市社区变得不文明、不和谐。《民法典》侵权责任编明确禁止从建筑物中抛掷物品，进一步完善了高空抛物的治理规则。通过立法规定高空抛物的责任承担，有利于更好地保障居民合法权益，切实增强人民群众的幸福感、安全感；同时也让人们认识到高空抛物的严重危害，引导人们自觉遵守社区文明规范，自觉维护小区安全，莫把公共安全当儿戏，避免因逞一时之快而损害他人安全，体现了法律的教育引导功能，更体现了文明、和谐的社会主义核心价值观。

参考文献

一、中文文献

（一）著作类

[1]《毛泽东文集》（第七卷），人民出版社 1999 年版。

[2]《习近平谈治国理政》（第二卷），外文出版社 2017 年版。

[3]《习近平谈治国理政》（第三卷），外文出版社 2020 年版。

[4] 白显良：《隐性思想政治教育基本理论研究》，人民出版社 2013 年版。

[5] 陈洁蕾主编：《法学课程思政教育教学案例．民商法卷》，同济大学出版社 2022 年版。

[6] 郭锋等编著：《中华人民共和国民法典条文精释与实务指南．合同编》，中国法制出版社 2021 年版。

[7] 郭锋等编著：《中华人民共和国民法典条文精释与实务指南．人格权编、侵权责任编》，中国法制出版社 2021 年版。

[8] 郭锋等编著：《中华人民共和国民法典条文精释与实务指南．物权编》，中国法制出版社 2021 年版。

[9] 国家法官学院、中国人民大学法学院编：《中国审判案例要览．2011 年民事审判案例卷》，中国人民大学出版社 2013 年版。

[10] 胡康生主编：《中华人民共和国物权法释义》，法律出版社 2007 年版。

[11] 黄立：《民法总则》，中国政法大学出版社 2002 年版。

[12] 黄薇主编：《中华人民共和国民法典婚姻家庭编解读》，中国法制出版社 2020 年版。

[13] 黄薇主编：《中华人民共和国民法典侵权责任编解读》，中国法制出版社 2020 年版。

[14] 黄卫华：《从理念到实践：新时代高校课程思政路径探究》，北京工业大学出版社 2021 年版。

[15] 教育部社会科学司组编：《普通高校思想政治理论课文献选编（1949-2006）》，中国人民大学出版社 2006 年版。

[16] 梁启超：《饮冰室合集》（专集第四册），中华书局 1989 年版。

[17] 刘星：《法律的隐喻》，广西师范大学出版社 2019 年版。

[18] 刘智慧：《中华人民共和国民法典物权编释义》，中国法制出版社 2021 年版。

[19] 龙卫球主编：《中华人民共和国民法典婚姻家庭编与继承编释义》，中国法制出版社 2020 年版。

[20] 龙卫球主编：《中华人民共和国民法典人格权编与侵权责任编释义》，中国法制出版社 2021 年版。

[21] 龙卫球主编：《中华人民共和国民法典总则编释义》，中国法制出版社 2020 年版。

[22] 任海涛、张惠虹主编：《法学学科课程思政教学范例》，华东师范大学出版社 2021 年版。

[23] 史尚宽：《继承法论》，中国政法大学出版社 2000 年版。

[24] 史尚宽：《物权法论》，中国政法大学出版社 2000 年版。

[25] 苏号朋：《民法总论》，法律出版社 2006 年版。

[26] 孙利主编：《课程思政理论与教学研究——聚焦北京理工大学课程思政建设》，北京理工大学出版社 2022 年版。

[27] 王利明：《人格权法》，中国人民大学出版社 2016 年版。

[28] 王利明：《物权法研究》（上卷），中国人民大学出版社 2013 年版。

[29] 王泽鉴：《民法学说与判例研究》（第一册），中国政法大学出版社 1997 年版。

[30] 魏振瀛主编：《民法》，北京大学出版社 2016 年版。

[31] 谢瑜等：《思政课程与课程思政融合的教学研究》，西南交通大学出版社 2021 年版。

[32] 熊晓轶、王蒙蒙：《新时期课程思政建设与经典案例分析》，吉林大学出版社 2022 年版。

[33] 徐国栋：《民法基本原则解释——成文法局限性之克服》，中国政法大学出版社 1992 年版。

[34] 杨立新主编：《〈中华人民共和国民法典〉条文精释与实案全析》（中），中国人民大学出版社 2020 年版。

［35］ 杨立新主编：《〈中华人民共和国民法典〉条文精释与实案全析》（下），中国人民大学出版社 2020 年版。

［36］ 杨立新主编：《继承法修订入典之重点问题》，中国法制出版社 2015 年版。

［37］ 杨立新主编：《中华人民共和国民法典释义与案例评注．人格权编》，中国法制出版社 2020 年版。

［38］ 叶晓彬等主编：《法学专业课程思政教学案例研究》，中国政法大学出版社 2023 年版。

［39］ 张鹤：《地役权研究：在法定与意定之间》，中国政法大学出版社 2014 年版。

［40］ 最高人民法院民法典贯彻实施工作领导小组主编：《中华人民共和国民法典合同编理解与适用》（四），人民法院出版社 2020 年版。

［41］ 最高人民法院民法典贯彻实施工作领导小组主编：《中华人民共和国民法典婚姻家庭编继承编理解与适用》，人民法院出版社 2020 年版。

［42］ 最高人民法院民法典贯彻实施工作领导小组主编：《中华人民共和国民法典侵权责任编理解与适用》，人民法院出版社 2020 年版。

［43］ 最高人民法院民法典贯彻实施工作领导小组主编：《中华人民共和国民法典人格权编理解与适用》，人民法院出版社 2020 年版。

［44］ 最高人民法院民法典贯彻实施工作领导小组主编：《中华人民共和国民法典物权编理解与适用》（下），人民法院出版社 2020 年版。

［45］ 最高人民法院民法典贯彻实施工作领导小组主编：《中华人民共和国民法典总则编理解与适用》（上），人民法院出版社 2020 年版。

［46］ ［德］拉伦茨：《德国民法通论（上册）》，王晓晔等译，法律出版社 2003 年版。

［47］ ［德］梅迪库斯：《德国债法分论》，杜景林、卢谌译，法律出版社 2007 年版。

［48］ ［古希腊］亚里士多德：《政治学》，吴寿彭译，商务印书馆 1965 年版。

［49］ ［美］庞德：《普通法的精神》，唐前宏等译，法律出版社 2010 年版。

［50］ ［美］麦克尼尔：《课程：教师的创新》，徐斌艳、陈家刚主译，教育科学出版社 2008 年版。

［51］ ［美］约翰·杜威：《民主与教育》，俞吾金、孔慧译，华东师范大学出版社 2019 年版。

［52］ ［苏］苏霍姆林斯基：《育人三部曲》，毕淑芝等译，人民教育出版社 2015 年版。

［53］ 丁飞：《高等院校模拟法庭实验教程》，中国民主法制出版社 2016 年版。

（二）论文类

［1］习近平：《思政课是落实立德树人根本任务的关键课程》，载《奋斗》2020 年第
17 期。

［2］曹相见：《死者"人格"的规范本质与体系保护》，载《法学家》2021 年第 2 期。

［3］陈颖：《家务劳动补偿制度的实践反思与制度调适》，载《人民司法》2015 年第
21 期。

［5］丁宇峰、王艳丽：《民法典时代民法教学中思政教育的实施》，载《黑龙江省政法管
理干部学院学报》2020 年第 5 期。

［6］董勇：《论从思政课程到课程思政的价值内涵》，载《思想政治教育研究》2018 年
第 5 期。

［7］高德毅、宗爱东：《从思政课程到课程思政：从战略高度构建高校思想政治教育课
程体系》，载《中国高等教育》2017 年第 1 期。

［8］高德毅、宗爱东：《课程思政：有效发挥课堂育人主渠道作用的必然选择》，载《思
想理论教育导刊》2017 年第 1 期。

［9］高富平、晏夏：《论相邻不动产损害纠纷的法律适用——以请求权为视角》，载《中
国不动产法研究》2018 年第 1 期。

［10］高圣平：《物权法定主义及其当代命运》，载《社会科学研究》2008 年第 3 期。

［11］葛卫华：《厘定与贯连：论学科德育与课程思政的关系》，载《中国高等教育》
2017 年第 Z3 期。

［12］郭如愿：《大数据时代民法典人格权编对个人信息的定位与保护》，载《人民论坛》
2020 年第 9 期。

［13］何玉海：《关于"课程思政"的本质内涵与实现路径的探索》，载《思想理论教育
导刊》2019 年第 10 期。

［14］贾少涵：《混合式模式下民法学课程思政教学改革研究与实践》，载《保定学院学
报》2023 年第 5 期。

［15］靳文静：《性骚扰法律概念的比较探析》，载《比较法研究》2008 年第 1 期。

［16］康天军：《英烈保护司法实务问题探析》，载《法学论坛》2018 年第 6 期。

［17］李津：《民法典学习融入社会主义核心价值观培育探析》，载《金华职业技术学院
学报》2022 年第 1 期。

［18］李为、蒋雨珈：《中国特色世界一流大学建设背景下高校思政工作效能评价研究》，
载《重庆大学学报（社会科学版）》2022 年第 5 期。

[19] 李由义:《男女平等是我国继承法的一项基本原则》,载《法学》1985 年第 5 期。

[20] 李忠军:《当代中国铸魂育人问题论析》,载《社会科学战线》2016 年第 6 期。

[21] 梁慧星:《市场经济与公序良俗原则》,载《中国社会科学院研究生院学报》1993 年第 6 期。

[22] 刘承功:《高校深入推进"课程思政"的若干思考》,载《思想理论教育》2018 年第 6 期。

[23] 陆道坤:《课程思政推行中若干核心问题及解决思路——基于专业课程思政的探讨》,载《思想理论教育》2018 年第 3 期。

[24] 骆晓宇:《开放教育〈民法典〉教学中课程思政建设的构想》,载《内蒙古电大学刊》2021 年第 5 期。

[25] 马怀德:《法学类专业课程思政建设探索与实践》,载《中国高等教育》2022 年第 6 期。

[26] 闵辉:《课程思政与高校哲学社会科学育人功能》,载《思想理论教育》2017 年第 7 期。

[27] 莫江平等:《民法典精神融入高校思政课的路径探析》,载《煤炭高等教育》2022 年第 2 期。

[28] 邱伟光:《课程思政的价值意蕴与生成路径》,载《思想理论教育》2017 年第 7 期。

[29] 邱伟光:《论课程思政的内在规定与实施重点》,载《思想理论教育》2018 年第 8 期。

[30] 宋健、李灵春:《"离婚冷静期"政策能否降低离婚水平》,载《探索与争鸣》2022 年第 8 期。

[31] 宋颖:《一流课程建设背景下"民法总论"课程思政教学改革研究》,载《文教资料》2023 年第 4 期。

[32] 田鸿芬、付洪:《课程思政:高校专业课教学融入思想政治教育的实践路径》,载《未来与发展》2018 年第 4 期。

[33] 王洪亮:《〈民法典〉与信息社会——以个人信息为例》,载《政法论丛》2020 年第 4 期。

[34] 王利明:《论民法典物权编中居住权的若干问题》,载《学术月刊》2019 年第 7 期。

[35] 王利民:《论民法精神的行为性与生态性》,载《法治现代化研究》2019 年第 2 期。

[36] 王利明：《论人格权独立成编的理由》，载《法学评论》2017 年第 6 期。

[37] 王利明：《论受害人自甘冒险》，载《比较法研究》2019 年第 2 期。

[38] 王学俭、石岩：《新时代课程思政的内涵、特点、难点及应对策略》，载《新疆师范大学学报（哲学社会科学版）》2020 年第 2 期。

[39] 王易：《高校社会主义核心价值体系教育应注意的几个问题》，载《学校党建与思想教育》2014 年第 3 期。

[40] 王毅纯：《民法典人格权编对性骚扰的规制路径与规则设计》，载《河南社会科学》2019 年第 7 期。

[41] 文灿：《对许霆案各方观点的评析》，载《合作经济与科技》2009 年第 2 期。

[42] 吴燕华：《居民家务劳动时间经济价值研究——以杭州市为例》，载《吉林工商学院学报》2015 年第 3 期。

[43] 夏吟兰：《对中国登记离婚制度的评价与反思》，载《法学杂志》2008 年第 2 期。

[44] 谢天长、叶琛：《社会主义核心价值观与〈民法典〉编纂》，载《福建论坛（人文社会科学版）》2020 年第 9 期。

[45] 熊乐之、魏志奇：《党领导妇女解放运动的百年历程和历史经验》，载《理论界》2023 年第 9 期。

[46] 杨立新：《对修正〈继承法〉十个问题的意见》，载《法律适用》2012 年第 8 期。

[47] 杨惟钦：《民法"课程思政"的内在机理与实践路径研究》，载《法学教育研究》2023 年第 1 期。

[48] 尹禹文：《民法典教育融入高校思政课教学的三重维度论析》，载《文教资料》2022 年第 18 期。

[49] 张凡、蔡文龙：《〈民法典〉实施背景下民法学课程的思政元素融入的现实路径》，载《河北工程大学学报（社会科学版）》2023 年第 1 期。

[50] 张晓云：《法学专业课程思政建设路径研究》，载《黑龙江工业学院学报（综合版）》2022 年第 10 期。

[51] 张宗兰、梁大伟：《"双一流"视域下高校思政课教师核心素养的价值、内涵与提升路径》，载《教育理论与实践》2021 年第 3 期。

[52] 赵继伟：《"课程思政"：涵义、理念、问题与对策》，载《湖北经济学院学报》2019 年第 2 期。

[53] 曾皓：《儿童利益最大化原则在学前教育立法中的落实》，载《法学》2022 年第 1 期。

[54] 周汉华:《个人信息保护的法律定位》,载《法商研究》2020 年第 8 期。

[55] 庄绪龙:《"隔代探望"的法理基础、权利属性与类型区分》,载《法律适用》2017 年第 23 期。

（三）报纸类

[1] 习近平:《用新时代中国特色社会主义思想铸魂育人 贯彻党的教育方针落实立德树人根本任务》,载《人民日报》2019 年 3 月 19 日,第 1 版。

[2] 杜益频:《"六尺巷"的启迪》,载《文摘报》2012 年 9 月 15 日,第 7 版。

[3] 孟令志:《代位继承权取得应采"固有权说"》,载《中国社会科学报》2012 年 7 月 18 日,第 A07 版。

[4] 王志民等:《人民性、系统性和世界性的有机结合》,载《光明日报》2021 年 12 月 29 日,第 10 版。

[5] 徐隽:《编纂凝聚中国智慧的民法典》,载《人民日报》2020 年 1 月 7 日,第 5 版。

[6] 徐启生:《"好人法"保护"好人"》,载《光明日报》2011 年 10 月 31 日,第 8 版。

[7] 《最高人民法院关于充分发挥审判职能作用切实维护公共安全的若干意见》,载《人民法院报》2015 年 9 月 17 日,第 3 版。

（四）网络文献类

[1] 《常州法院 2021 年度十大典型案例发布》,载 http://fy. changzhou. gov. cn/html/czfy/2022/BQBJQCKD_0221/11458. html,最后访问日期:2024 年 9 月 26 日。

[2] 《广东高院发布贯彻实施民法典典型案例》,载 https://www. gdcourts. gov. cn/xwzx/gdxwfb/cntent/mpost_ 1047259. html,最后访问日期:2024 年 9 月 26 日。

[3] 《广州法院弘扬社会主义核心价值观十大典型案例（三）》,载 https://www. gzcourt. gov. cn/ck487/ck581/2022/03/24155046467. html,最后访问日期:2024 年 9 月 26 日。

[4] 《广州法院贯彻实施民法典十大典型案例》,载 https://www. gzcourt. gov. cn/yqkfdt/ck597/2023/09/14141742065. html,最后访问日期:2024 年 9 月 26 日。

[5] 《法官说典丨祸从口出惹官司 法官巧用社会主义核心价值观调解名誉权纠纷》,载 https://m. thepaper. cn/baijiahao_ 18938837,最后访问日期:2024 年 9 月 26 日。

[6] 《江西高院发布 2022 年度全省法院贯彻实施民法典十大典型案例》,载 jxgy. jxfy. gov. cn/article/detail/2023/02/id/7131118. shtml,最后访问日期:2024 年 9 月 26 日。

[7] 《因借贷引发的名誉权纠纷……法官巧用社会主义核心价值观调解》,载 https://www. thepaper. cn/newsDetail_ forward _ 17386762,最后访问日期:2024 年 9 月 26 日。

［8］全国妇联课题组：《夯实男女平等基本国策的价值观基础》，载 http://theory. people. com. cn/big5/n/2014/1011/c40531-25809824. html，最后访问日期：2024 年 9 月 26 日。

［9］《人民日报时评：女童遭碾，我们都可能是"路人"》，载 https://www. gov. cn/govweb/jrzg/2011-10/18/content_1971833. htm，最后访问日期：2024 年 9 月 26 日。

［10］《每日电讯："见死必救"的〈好撒玛利亚人法〉》，载 http://opinion. people. com. cn/n/2013/0705/c1003-22095184. html，最后访问日期：2024 年 9 月 26 日。

［11］《法制日报｜高铁"霸座"不妨纳入黑名单》，载 http://opinion. people. com. cn/n1/2018/0823/c1003-30246025. html，最后访问日期：2024 年 9 月 26 日。

［12］《全国人大常委会第十四次会议审议多部法律草案和报告》，载 http://politics. people. com. cn/n1/2019/1022/c1001-31412366. html，最后访问日期：2024 年 9 月 26 日。

［13］《男子坐火车"买短乘长"拘留 5 日，提醒：小便宜贪不得》，载 https://news. qq. com/rain/a/20230207A07Y0Y00？ suid＝&media-id＝，最后访问日期：2024 年 9 月 26 日。

［14］《上海长宁法院发布贯彻实施民法典十大典型案例》，载 https://www. 163. com/dy/article/HLM220670514C9DN. html，最后访问日期：2024 年 9 月 26 日。

［15］《上海市高级人民法院发布上海法院 2021 年度破解"执行难"十大典型案例》，载 https://ahlx. pkulaw. com/lar/159d29bc994347d8e80a864337bfe37bbdfb. html？ way＝textRightFblx，最后访问日期：2024 年 9 月 26 日。

［16］《上杭法院：邻里引发名誉权纠纷，法官巧用社会主义核心价值观调解》，载 https://www. thepaper. cn/newsDetail_forward_19119727，最后访问日期：2024 年 9 月 26 日。

［17］《天津高院发布保护妇女合法权益典型案例》，载 https://tjfy. tjcourt. gov. cn/article/detail/2022/03/id/6563114. shtml，最后访问日期：2024 年 9 月 26 日。

［18］《天津高院发布贯彻实施民法典家事审判典型案例》，载 https://tjfy. tjcourt. gov. cn/article/detail/2021/11/id/6349420. shtml，最后访问日期：2024 年 9 月 26 日。

［19］《婚姻法：儿媳离婚，再嫁前公公？》，载 https://www. tingsonglaw. com/article/1930。

［20］《以案释法｜擅自将住宅改为经营性用房可以吗？》，载 https://www. xiancn. com/content/2023-05/29/content_6734717. htm。

［21］《"狼牙山五壮士"后人起诉洪振快侵害名誉案宣判》，载 http://www. chinacourt.

org/article/detail/2016/06/id/1999111. shtml。

[22]《中共中央、国务院印发〈新时代公民道德建设实施纲要〉》，载 https://www.
gov. cn/zhengce/2019-10/27/content_5445556. htm。

[23]《中共中央印发〈社会主义核心价值观融入法治建设立法修法规划〉》，载 ht-
tps://www. gov. cn/zhengce/2018-05/07/content_5288843. htm。

[24]《习近平：高举中国特色社会主义伟大旗帜 为全面建设社会主义现代化国家而团
结奋斗——在中国共产党第二十次全国代表大会上的报告》，载 https://www.
gov. cn/xinwen/2022-10/25/content_5721685. htm。

[25]《习近平在颁发"中国人民抗日战争胜利70周年"纪念章仪式上的讲话》，载 ht-
tps://www. gov. cn/xinwen/2015-09/02/content_2924258. htm。

[26]《习近平在全国高校思想政治工作会议上强调：把思想政治工作贯穿教育教学全过
程 开创我国高等教育事业发展新局面》，载 http://www. xinhuanet. com/politics/
2016-12/08/c_1120082577. htm。

[27]《习近平在中国政法大学考察》，载 http://www. xinhuanet. com/politics/2017-05/
03/c_1120913310. htm。

[28]《狼牙山五壮士后人致信人大：立法保护英烈名誉》，载 https://news. sina. com.
cn/c/nd/2016-03-04/doc-ifxqaffy3609269. shtml。

[29]《药店老板做心肺复苏压断老人12根肋骨遭索赔 两审法院均判不担责》，载 ht-
tps://baijiahao. baidu. com/s？id=1715589837327403240&wfr=spider&for=pc。

[30]《2009年度十大法治人物评选结果揭晓》，载 https://news. cctv. com/china/20091
204/104808_4. shtml。

[31] 袁港：《以案普法：浅谈民法典施行后，离婚"冷静期"对协议离婚的影响》，载
https://baijiahao. baidu. com/s？id=1739387865066844314&wfr=spider&for=pc。

[32]《最高人民法院关于发布第一批指导性案例的通知》，载 https://www. chinacourt. org/ar-
ticle/detail/2011/12/id/470311. shtml。

[33]《第十二届全国人民代表大会法律委员会关于〈中华人民共和国民法总则（草
案）〉审议结果的报告》，载 http://www. npc. gov. cn/zgrdw/npc/xinwen/2017-03/
15/content_2018917. htm。

[34]《"好人法"惩戒诬告者：道德治理要用命令方式发挥"抑恶"的社会作用》，载
http://www. wenming. cn/wmpl_pd/ztch/201307/t20130710_1339605. shtml。

[35]《江苏首例"隔代探望权"案终审宣判 失独老人重获"探孙权"》，载 https://

www. chinanews. com/sh/2015/12−18/7677672. shtml。

[36]《8 月份新增失信联合惩戒对象公示及情况说明》，载 https：//www. gov. cn/fuwu/ 2018−09/04/content_ 5319042. htm。

[37]《教育部关于印发〈高等学校课程思政建设指导纲要〉的通知》，载 https：// www. gov. cn/zhengce/zhengceku/2020−06/06/content_5517606. htm。

[38]《中共中央办公厅 国务院办公厅印发〈关于深化新时代学校思想政治理论课改革创新 的若干意见〉》，载 https：//www. gov. cn/gongbao/content/2019/content_ 5425326. htm? ivk_sa=1023197a。

[39]《2019 年民政事业发展统计公报》，载 https：//www. mca. gov. cn/images3/www2017/ file/202009/1601261242921. pdf。

[40]《2020 年民政事业发展统计公报》，载 https：//www. mca. gov. cn/images3/www2017/ file/202109/1631265147970. pdf。

[41]《2021 年民政事业发展统计公报》，载 https：//www. mca. gov. cn/images3/www2017/ file/202208/2021mzsyfztjgb. pdf。

[42]《第二批人民法院大力弘扬社会主义核心价值观典型民事案例》，载 https：// www. court. gov. cn/zixun/xiangqing/346671. html。

[43]《第三批人民法院大力弘扬社会主义核心价值观典型民事案例》，载 https：//www. court. gov. cn/zixun/xiangqing/390531. html。

[44]《关于深入推进社会主义核心价值观融入裁判文书释法说理的指导意见》，载 ht- tps：//www. court. gov. cn/zixun/xiangqing/287211. html。

[45]《人民法院大力弘扬社会主义核心价值观十大典型民事案例》，载 https：//www. court. gov. cn/zixun/xiangqing/229041. html。

[46]《人民法院贯彻实施民法典典型案例（第一批）》，载 https：//www. court. gov. cn/ zixun/xiangqing/347181. html。

[47]《最高人民法院关于充分发挥审判职能作用为推进生态文明建设与绿色发展提供司 法服务和保障的意见》，载 http：//gongbao. court. gov. cn/Details/3c4fb71f30beecb980 640f316 5d447. html。

[48]《最高人民法院关于全面加强环境资源审判工作为推进生态文明建设提供有力司法 保障的意见》，载 https：//www. court. gov. cn/fabu/xiangqing/13602. html。

[49]《最高人民法院印发〈关于为实施乡村振兴战略提供司法服务和保障的意见〉的 通知》，载 http：//gongbao. court. gov. cn/Details/ee31158f162ab7ff358f095f6a54cb. html。

二、外文文献

［1］Urie Bronfenbrenner, *The Ecology of Human Development*: *Experments by Nature and Design*, Harvard University Press, 1981.